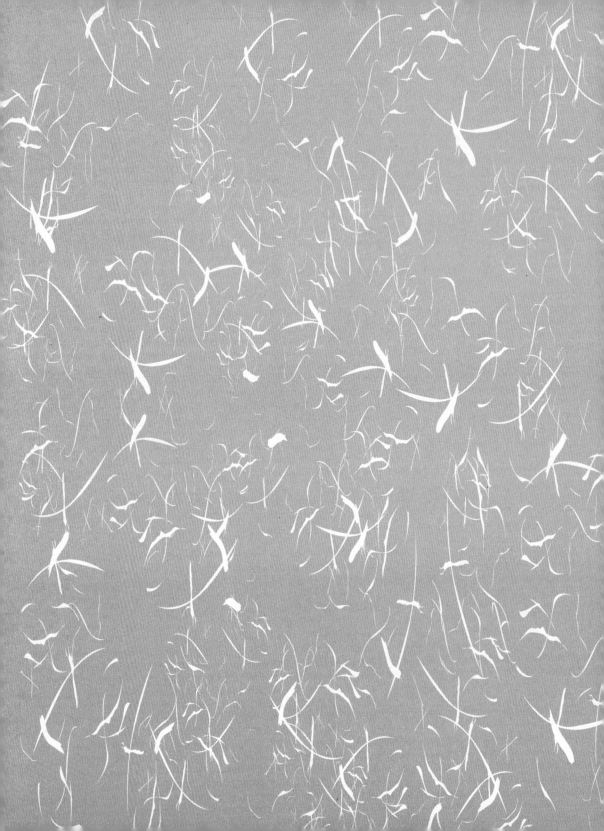

與阿姜查共處的歲月

Venrable Father：A life with Ajahn Chah

保羅·布里特 Paul Breiter 著

釋見諦 & 牟志京 譯

謹將此書獻給隆波蘇美多，
他為阿姜查失怙的弟子點燃了一條寬廣的路。

我們慈悲的上師
所有十方三世諸佛，其智慧、慈悲與神力的真正展現者；
只要憶念起他，我們的憂惱便袪除了。

目次

尊貴的阿姜查法師

【前言】

阿姜查──眞正的大師

　　阿姜查（Ajahn Chah）於一九九二年一月十六日，將他的色身放下了。雖然我曾是個平凡的比丘，也從來不認爲自己是個作家，可是我確實有幾年難得珍貴的時光親近了這位了不起的大師，服侍他，仰賴他，接受他的教導，偶爾翻譯那些教導，在行動中觀察他，並試著在他的指導之下修學佛道。我希望這個簡短的敘述能夠吸引以下這些人的興趣：那些曾經閱讀過他的開示的人、那些如同我與師兄在當年那樣，現在正在修道上奮鬥的人、還有那些對佛教及出家生活好奇的人。書中也涉及泰國正在急速消失的一些現象。

　　我寫這本書原本是爲了獻給阿姜查及他的弟子。此書跟原來的初稿沒有太多差別，我覺得要以盡我所知的方式來敘述這個故事，而不要嘗試將它編輯成文藝上完美的作品，或花時間去構思醒目耀眼的章名比較好（編按：本書各章的章名及內文中的標題皆爲中文版編者所加）。當然，我無法避免加入我個人的看法和意見，不過我以爲這個故事的基本價值，即在於阿姜查是個眞正的大師，他的道場依然恪守著戒律與禪修的聖道，正如佛陀所教導的那般。

　　出家人大體是平凡的人，他們日常生活中並非都一無瑣事。那些好批判而福德不厚的人可能禪修數個月甚至一年，便會開始吹毛求疵，可是我覺得指出這種生活模式的高尚之處，這種生活如何能

改變人們，以及談談這些奉行者的虔誠、純正動機和老實用功，會
有更大的利益。

　　我要感謝許多朋友，他們鼓勵我完成這個稿子並將它出版，這
些人包括我的經紀人約翰‧懷特（John White）、我的父親、伊伏林‧
魏徹斯勒女士（Evelyn Wechsler）、湯姆‧麥納密（Tom McNamee）
及布魯士‧艾凡（Bruce Evans）幫忙打字與編排，艾咪‧拉地羅法師
（Ven Ami Lodro）設計封面（編按：此指原文書書封）。我獻上此
書，祈願世間不斷有真正的善知識出現，同時眾生對他們純淨的指
導有信心並依教奉行。

　　泰國佛教根源於巴利經典，不過其中有些詞我用了梵文（譬如
說dharma而非dhamma），因為西方人對它們比較熟悉的緣故。

　　每章前面所列的引言取自於貢波‧贊單仁波切（Gonpo Tsedan
Rinpoche）對《普賢上師言教》（*Kunzang Lamey Shel Lung*）所做的論
註。雖然那些並不代表阿姜查的教學風格，不過卻顯示出對上師的
那種恭敬與仰賴，事實上這也都出現於上座部佛教僧眾的修行生活
中。

【導論】
出自內在解脫而散發喜悅的師父

阿姜查法師（須跋都Subhaddo），又稱「具覺悟正見的上座」，隸屬於森林苦行僧的傳統。這個傳統興盛於泰國東北，諸多得益於阿姜曼法師①（布利達陀Bhuridatto）的影響。依照上座部的佛教傳統，恪守正統的戒律，即出家人的戒法。這兒我不想介紹上座部（即「長老之言」）及佛教概要，因為大多數的讀者很可能已經有了佛教的一些知識，同時市面上有很多書專門解說這些論題，其解說之清晰與徹底都遠勝於我所能做到的。然而關於上座部出家人的生活卻相對地鮮為人知，所以在此提供一些背景資料可能有所幫助。

單純的生活與單純的教導

在本書中，托缽乞食②多次被提到。上座部的出家人（比丘）③按佛陀的意思應當是乞士，而非隱士。正如阿姜蘇美多（Ajahn Sumedho）經常指出的，每日到村落取得飲食和寺院永遠為在家人開放的情勢，強迫我們現身於施主前，這會產生兩種作用：激勵比丘們用功修行以淨化其心，同時給在家人一個鮮活的提醒──此乃佛陀的生活方式。出家人的戒律禁止比丘蓄藏、耕種、購買及烹調食物，因此，比丘必須住在離在家人走路可到的距離之內。僧伽團體

一九七二年在泰國東北德圖頓縣乞
食。

攝影者維吉塔‧卡爾遜（Vergeta Carlsson）

靠著在家人得到物質上的護持，在家人則靠著道場得到精神上的指導。出家人一般不走到外面從事社會工作，那些工作可由在家人承辦。作為出世的人，出家人在社會上有個獨特的角色，在泰國，這個角色長久以來被視為最尊貴的生涯，甚至連國王在比丘面前也要頂禮膜拜。

乞食的方法是站在人們的家門口，靜靜等候一段時間，以判斷住在裡面的人願不願意出來，從自己剩餘的食物中施捨一些。然而，在今日的泰國，施主通常拿著最好的食品等候著比丘的來臨。大部份的寺院都設有廚房，在家人、八戒女④或沙彌⑤可以在那兒料理食品，寺院通常會設立一個基金、用以購買食物，並存放在廚房裡。無論如何，這一切全靠在家眾的捐助，乃至其他的資生之具也一樣——衣服，住處及醫療。這個傳統以及佛教的基本觀念相當深厚地扎根於泰國的社會中，雖然誰也不知道在工業化的衝擊下還能持續多久。

很多人問，為什麼在上座部佛教裡沒有規定要素食。比丘既然以托缽維生，他們就吃別人施予的食物。當然，他們可以不去吃別

人給他的肉，不過清淨的展現更在於接受供養時對食物不做好壞的區別，而非在所吃食物的內容上。關於肉類方面唯獨的禁忌是，若一位比丘知道或懷疑某個動物是殺來供他

在英國的雪地中乞食。

食用的，他不能接受這種肉；生肉與生魚是禁止的，其他動物的肉，如馬、狗、蛇及象亦在禁止之列。

　　有些比丘決定要素食，雖然在泰國這個選擇有時意味著平淡的飲食，但是有些寺院的住持建議他們的護法居士最好避免拿肉來供養比丘。阿姜蘇美多幾年以前也鼓勵住在邦外地區的護法居士開始在佛寺裡烹煮素食。

　　在泰國東北，禪師的教導實際上形成了一種「口語傳統」。直到最近這幾年以前，很少有東西被錄下來或寫下來。這並不是因為這個傳承是秘密的，而是因為那兒的生活單純，其教導本身也單純的緣故；這些教導並不是對經書正式的講解，而是由大師親身體驗中

自然流露出來的。在熱帶地區，大自然帶有一種鮮明的無常性，東西生長和衰敗得很快：去年的路徑，若放著不管，到現在便已消失在野草和樹叢之中；簡陋的住處也不耐久；大部份的開示只在見聞之間生起並滅去。這兒所提到的任何一個阿姜查之開示，不過是他在他的道場裡面全部生命的一個片段而已。

從生命經驗之中點出佛法

我所寫的軼事及開示發生在寂靜的森林中。在那兒，對大部份人來說，很少有生活要素的憂慮。與其說那兒的氣氛是閒散的，毋寧說它更像一間溫室。藉由戒律所產生的自覺、師父及其教導隨時在旁的頻頻警策，在幾乎所有的場合都帶來一種佛法的強烈感與急迫性。道元禪師⑥說過，藉由苦行淨化身心，一個人便能深刻領會他上師的教導。一天晚上，阿姜查正在接待他的一位長期在家護法，這個人才剛剃度。他如平常那樣隨口閒聊，敘述著自己的經歷，並從個人的觀察中點出佛法。他談到行腳頭陀行⑦，住在露天之處，每日要走四十公里的路，他說道：「就是軍人也不這樣走的，並不是我當時健壯，而是我有精神……有些天我去托缽，除了白飯之外什麼都沒乞到。我當時想著：『要是我有點鹽會多好啊！』在進食時觀察自己的心，真有意思。誰會想得到你竟然可以從吃白飯裡面培養出智慧……？」

　　有些人聽到出家生活的苦行，似是佛陀以中道駁斥過的極端自我折磨。我過去有時候也感覺我們把事情搞到極端去了，可是佛陀當時修過後來又批評過的苦行，遠比出家人的戒法劇烈，修那種苦行的目的並非只在於淨化及提昇心靈，甚至在於使身體虛弱，以達到讓心從粗鄙或邪惡的影響中解脫出來。

　　關於這點，以及本書所提到的其他許多概念，都可以再大篇幅加以討論。不過我想還是以指出阿姜查不是一個教義派的老師而在此結尾。那些見過他的人，總是被他出自內在解脫而散發出來的喜悅所觸動──一種超越自我愛及對各種觀點的執著的解脫。他經常說的事情之一是：「不要一昧相信，不要一昧不相信；自己去找出答案，那麼就不會有懷疑，有問題，不需要去問別人。」

　　在本書中，我和其他西方的比丘都以巴利語的名字來稱呼，這些名字是出家時根據個人生日在星期幾而命名的。它們具有高尚遠大的意義，這並不表示那個人的境界很高，而是將其視爲一個努力的目標。出家便是從家庭生活及其牽絆中脫離出來，取個新名字也爲這新生活增添一種啓始的味道。大多數泰國比丘在大部份的場合仍然延用他們的姓，附加其巴利語的名字只爲了表示正式（譬如阿姜查，須跋都）。

譯註：

① 阿姜曼（Ajahn Mun, 1870-1950）：二十世紀泰、寮地區最具影響力的禪師，其持戒精嚴、堅持頭陀行的修道生活，是泰國東北方多數大師的老師，阿姜查即是其中之一。

② 托缽乞食（almsround，巴利語為pindapat）：上座部寺院每天早晨習慣上都會外出乞食。比丘們靜靜地托缽站在屋外一段時間，審視住戶是否會提供食物。在泰國，施主通常在戶外排成一列等待比丘。

③ 比丘（bhikkhus）：意譯為「破煩惱」、「布薩」、「乞士」，乃受具足戒的僧人。原語系由「求乞（bhiks）」一詞而來，即指依靠別人的施捨維生者。亦可解釋為「破煩惱者」（bhinna-klesa），意思是「看見生死輪迴之危險者」。

④ 八戒女：泰國僧團由比丘與沙彌組成，並無比丘尼與沙彌尼。不過，有一種穿白衣，剃髮的女性修行者，稱為「梅齊」。她們是長期或終生受持八關齋戒的學法女，寄住在佛寺裡特闢的地方，聽聞比丘的教誡，也接受信施者的供養。她們因終生受持八關齋戒，所以又稱為「八戒女」。

⑤ 沙彌（Samanera），初出家的人。

⑥ 道元禪師（Dogen Zenji, 1200-1253）：是日本曹洞宗的始祖，也是日本佛教史上最富哲理的思想家。他於1223年進入中國南宋留學，1227年學成歸國，開創道場。他所創立的日本曹洞宗發展到現在，已經成了擁有一萬四千餘寺的大宗派，在日本佛教中佔有很大的份量。

⑦ 頭陀行（tudong）：比丘因受持頭陀行而能去除煩惱，這是佛陀所允許超過戒律標準的苦行。依《清靜道論》有十三種：糞掃衣、三衣、常乞食、次第乞食、一座食、一缽食、時後不食、阿蘭若住、樹下住、露地住、塚間住、隨處住與常坐不臥。這些苦行有助於開發知足、出離與精進心。一

般指赤足而行，露地而宿。阿姜查勉勵他的僧眾至少花一段時間持續修頭陀行，在森林區赤足而行。

獻給所有認識他的人

第一章 | 成爲阿姜查的弟子

如果你對法、對眞實不虛之道感興趣，

那麼首先你必須尋找一位大師，

一位具足資格，

擁有至尊上師特質與品德的人。

你必須尋找這樣的一位大師並全心依止他。

（一九八二年十二月）

如果說我曾真正愛過任何人，那麼他就是阿姜查。他現在要死了，我可能再也見不到他；而我永遠不會忘記他，我覺得應當正式表達我的感激之情。最直截地說，他讓我再活過來。他可以說是這個世界上唯一能夠做到這件事的人。有許多人知道這句話並非誇張。

被阿姜查
神采煥發的喜悅所懾住

我想那天是十一月十八日，而那一年是一九七〇年。我在曼谷一個佛教大寺院出家做沙彌已有兩個月的光景。一個沉悶灰暗的下午，一個沉悶的地方，一個沉悶的人生。我剛讀完一封朋友從家鄉捎來的沉悶的信，感到特別沮喪（這種現象對當年的我一點也不奇怪）。當時也有幾位西方的「佛陀的戰俘」住在寺院裡，泰國人稱寺院為瓦德（wat），我們通常下午會聚在一起喝咖啡來打發時間。當我從房間走出來的時候，有個人問我要喝什麼。「毒芹！」我回應道。

那兒沒有毒芹，我只好接受可可。

之後有一個人進到房間並說道：「阿姜查現在正在曼谷。你想不想去見他？」之前我們從兩位熱心的美國籍比丘那兒聽說過阿姜

查，這兩位比丘才跟他住了幾個月。比起其他我們所聽聞過的大師，在他道場的生活聽起來比較符合人性，比較適宜居住。

那時候他住在一所學校的建築物裡面。那環境實在說不上舒適，有好幾年的時間，每逢他來到曼谷都免不了這種待遇，但是當時他還不是那麼有名。他與兩位比丘躺在蚊帳下，席地而臥。

當時我們有一位名爲蘇弗迦耨比丘（Suvijjano Bhikkhu）的翻譯，（那之後沒過多久，他便還俗回到他原來的身份，叫做柏恩斯博士，他具有獨立思考的心，講究科學，是屬於懷疑論的那種。）他拜見好幾位老師後選擇跟隨阿姜查，他對停留在阿姜查的道場巴篷寺①的描述，總結說道：「老天哪，我眞服了這傢伙。」他一九七六年在泰國南邊的叢林裡消失了。

不過，翻譯與否對我而言根本不重要，我簡直被他神采煥發、充滿活力的喜悅所懾住，我從來沒有見過任何一位像他這樣的人。他看起像一隻快樂的大青蛙坐在他的荷花座上，當時我想，如果你只要在森林裡靜坐個三十年，就能像他這樣，那挺值得。所以還是有希望的。我們初出家的人都被灌輸一個觀念：一個人應該先要對佛法及禪修奠定好基礎。那意味著在曼谷的寺院住上一年，才可以到森林道場去修行。阿姜查說的卻是：歡迎你們隨時來我的寺院住──如果你認爲自己可以受得了的話。

我還記得，當時自己的精神因此振奮了起來，坐在回到寺院的車上我還想著，有希望了；禪修及過出家生活所能產生的結果──這

① 出家前的我

② 一九七○年向淨居勝寺的住持請求受沙彌戒，相片由一位名叫吉姆的美
國人所攝，他很善心地贊助了我出家的所需。

③ 受戒作沙彌（我看來並不開心，是吧？）

④ 當受戒的請求被允許後披上袈裟──與法拉磨比丘（Dhammaramo）
及賽（Sai）先生合影。

兩件事我都覺得很難，比我以前做過的任何事，想做的任何事，或聽到其他任何人所做的事都來得困難。目睹一個活生生的例子，其價值遠勝於讀很多書。

所以，當時我盤算著，再過幾個月我要到那兒去。不過住在森林道場的種種恐怖，想起來還是挺令人退怯，我感到應該把它拖延到一個不確定的未來比較好。

阿姜查歡迎
任何眞正想修行的人

可是有一天晚上我靜坐的時候，很多狗又開始嗥叫，打破了我的專注。市區的寺院很吵雜，我必須等到事情歇息下來，等到比丘和來寺院裡幫忙的男義工②睡了，才不會被笑聲、歌聲、拳擊賽聲、高聲的談話及收音機干擾；大約晚上十點我才開始靜坐。可是偏偏那些狗還不去睡。每個市區佛寺裡總有好幾十隻狗，無名氏將牠們帶到寺院裡去，免得牠們在街頭被逮捕並被處死。晚上任何時分總會有一隻狗開始狂吠或嗥叫，接著其他狗便跟進。這一回我被搞得很惱火，於是便想，我無法在這兒靜坐，我要去巴蓬寺。

幾天之後我搭夜車來到烏汶。比丘及沙彌在火車上應當要盤坐著，而且中午之後就不得進食。我出家的那個寺院仍然守持戒法，所以我也不能帶錢買冷飲給自己喝。在那十一個小時中我想了很多

事。我可以去印度，到果阿的海邊過著簡樸的生活，一天吃三頓飯，此外就打坐。不過一個微弱的聲音不斷問，你要去那裡？你要去做什麼？

正如一般的情形，有一個人在火車站將我送上一輛計程車，行駛六公里後便到達了寺院。我抵達的時候比丘們正陸陸續續托缽歸來。

首先我碰到柏恩斯博士（還是個比丘之時）及達磨古透（Dhammaguto，幾天前跟著博士一起回來的英國沙彌）。又見到美國籍的比丘蘇美多，他已經在那兒住好幾年了。蘇美多住在那裡，是巴篷寺吸引人的原因之一。從有關他的傳說聽來，他跟我們所碰到的任何一位資深的西方比丘都不一樣。他從出家生活中得到利益，已經克服了疑惑及躊躇，他待人相當友善。此外，他能講泰語，又很願意幫助新來的人。有一位沙彌曾經寫信給他，在回信中他描述巴篷寺的情形以及阿姜查如何教人，他把出家生活視為培養覺知的一個工具：禪修是一種生活態度。他說阿姜查歡迎任何真正想修行的人。

飯後我分發到一間坐落在林中的茅篷③，一個簡單的木製結構，有個小陽台，正如鄉下的每個房子一樣，被架在柱子上。蘇美多幫我提水供廁所使用，跟我談了一下，並邀我晚上去見他。

森林當然是平靜的，那時正值冬天，氣候清爽宜人，陽光從樹林中微微透過來，泥土的路面，到處都是落葉——我記得非常清楚，

這般景象就這樣一次次讓我的心
平靜下來，將我從內在的混亂中
暫時帶離開來。

　　那兒什麼都沒有，沒有任何
東西令人分心或開心，什麼都不
做，只是靜坐。茅篷是空的，只
有一張席子與枕頭，牆壁與地板
全是空盪盪的。

　　下午的時候搖鈴，每個人於
是都去井裡提水，並用竹棍將水
挑到寺院中任何需要水的地方。
之後，我在自己茅篷附近的另一
口井邊沐浴。

巴篷寺的一間茅篷

保羅・布里特攝於一九九五年

　　我走到蘇美多的茅篷，他在
戶外生了火、泡茶，我們坐在他的陽台上聊天，旁邊放置著一盞煤
油燈。他說著他的故事，我也把我的故事告訴他。

不同的因緣
讓我們來到這裡相聚

　　一年半以前我離開家到外面旅行，想找到真正的快樂，當時我

認為我知道自己需要的是什麼，可是一次又一次，我發現自己的想法是錯的。幾個月過去了，我從一個地方走到另一個地方，一個經歷換過另一個經歷，挫折感與絕望逐漸增加。穿過歐洲，穿過亞洲，似乎沒有一個外在的東西幫得上忙。每個地方，人們看起來基本上都一樣。任何一個地方，都沒有任何人看起來有任何把握。當我說到我對全世界感到極度不滿的時候，蘇美多笑了出來。在尼泊爾待了五個月之後，我決定到印尼做最後一次嘗試，然後回家去住了一陣子，再出去旅行，接著……？可是正當我準備好要離開尼泊爾的時候，一連串的巧合，從患腦膜炎開始，這個因緣迫使我在抵達曼谷的第一天，在一間寺院裡聽了一場有關佛法的演講。我當下就明白這就是我一直在尋找的東西，一個月之內我便出了家，有了一個新的名字──法拉般若（Varapanyo）。原本我打算在泰國停留三天，結果到我結算準備收場時，這三天竟延長到七年。

蘇美多說他在出家做比丘之後，變得快樂與平靜。他的覺知力隨著歲月而進步，他希望繼續這樣生活下去。他說：「你在泰國不可能找到比阿姜查還好的老師，你可能找到一位跟他一樣好的，可是你卻找不到更好的。」他曾經花了兩年的時間在這個人身上挑毛病，可是他一個都找不到，最後他只好放棄。他說：「我真的愛阿姜查，像對一個父親那樣。」他補充道：「我也愛我的父親──那是出於孝道──可是我的父親並沒有智慧。」他笑了起來。

就這樣，在寂靜森林的夜晚，盤坐在陽台上，我感到這兒便是

世界上一個沒有痛苦與困擾的地方——沒有越戰、沒有像在美國及其他每個地方生活般無意義、沒有那些我在歐洲與亞洲旅途中所遇到痛苦絕望的人們，他們多麼認眞在尋找一個更美好的生活，可是卻沒找著。這個人，在這個地方，似乎已經找到了，其他的人似乎也可以找到。

年紀老邁時
我會慶幸自己曾做過這件事

當時阿姜查不在，可是日子依然照樣過著。早上，離天亮還早，我就走到大殿去課誦並靜坐，好奇著人們怎麼能夠這樣生活，甚至到整個早上吃飯以前沒有一杯咖啡。下午我至少提前一個小時就洗那令人顫抖的冷水澡，之後就回到我的茅篷，獨自一個人，帶著一顆不平靜的心。我會想起我那些散在各地的朋友，想著是不是沒有其他的方法可以找到和平與快樂，一個不至於讓人那麼毫無掩蔽、那麼毫無防衛的方法。然後我知道對我來說並沒有這種方法，於是我寬慰自己說，當我年紀老邁的時候，我會慶幸自己曾經做過這件事。

有一陣寒流來，滯留了一個星期，我那單薄的棉布袈裟眞讓我著實受足了苦。早上托缽的時候，寒氣與冷風穿刺入骨；晚上在通風無礙的茅篷裡，一兩條薄毯子根本不可能讓我好好安眠。我的腦

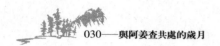

海裡老是盤問著，這就是我的餘生必須過的日子嗎？

那年的那段時間飲食相當好，可是我實在很害怕，那會縱容自己耽溺於比丘剩下的這個唯一享受，所以我就把每樣東西都放進缽裡——咖哩、甜點、米飯、水果、魚，全部攪拌在一起，一如別人曾告訴我的，禪修的比丘都這麼做。那些坐在我附近的泰國沙彌看到我的作法，簡直是受不了。

後來我才發現這些比丘及沙彌竟是那麼友善，是心地善良的一群人，可是開始的時候，我卻只覺得他們怪異並令人討厭。怪異的臉龐、微笑、我聽不懂的種種問題，他們打斷我跟蘇美多在井邊的談話，問他我沒到泰國以前是做什麼的，或類似的問題。我可以說一點泰國話，可是還不足以跟人交談。

達磨古透跟我有幾個晚上去拜訪蘇美多，在阿姜查回來以後我們去見了他幾回，不過大多數的夜晚，我在課誦之後就直接回到茅篷，繼續打坐及經行。一天晚上我坐在室內，聽到外面有吵聲，其實只不過是野雞在樹葉中竄動，可是我當時卻堅信那鐵定是共產黨的游擊隊（他們確實在泰國東北區活躍了很多年）。我一動不動地坐著並仔細傾聽，一反往常，我沒有到外面去經行，而把門閂上，將蠟燭吹熄，盡量不作聲。我想我隔天在森林中看到雞的時候，就明白了真相，可是當時，一切看來都那麼真實。

他說話時總是微笑、大笑
充滿活力，那麼喜悅

　　我們第一次見到阿姜查的時候，是好幾位比丘一起去的，因為我們是新到者，所以他會見我們。他透過蘇弗迦耨，給了我們禪修上的教導並回答了一些問題。他接著又說，森林道場對修行很有幫助，在市區的道場就好像在市場上試著打坐一樣，就單是住在森林裡，一半的修行工作就已經完成了。他說道，佛陀誕生於森林之中，他在森林中修行，在森林中成道，在森林中說法，同時他也在森林中過世。這些話，我之後還聽了好多年。隔年有一次我再次請求受比丘戒，他透過蘇美多說：「不要著急，佛陀是在樹下過世的。」他說話的時候總是微笑、大笑、為自己再斟杯茶、在身上塗抹萬金油：充滿活力，那麼喜悅。

　　一天晚上當我們從他的茅篷回來，達磨古透談論起他，於是蘇美多說：「我想像喬達摩必然也像這樣──不會憂慮。」（在我抵達巴篷寺之後，我們聽說他正在南部，因為大雨的關係不能如期趕回來，我內心便浮現一個圖像，在圖像中他坐在一輛吉普車上，困在雨中的某個地方，快樂得不得了，不受這情境所惱，完全開心地享受著那一刻。）

一切都是心創造出來的
去認識你的心吧

　　有一天晚上我到蘇美多的茅篷去拜訪，他問起我的修學情形。嗯，當我剛來的時候修得還好，可是最近我無法專心，好多念頭一直浮現出來。他告訴我，不要陷在評量與憂慮當中，否則你會開始想，我是這樣，我是那樣，這一切不過是增長更多的我。他用平常而友善的話說。他說道，阿姜查的方法，便是「適度，適度」——在飲食上、睡眠上、正式禪坐的時間上找到自己「適度的量」，不要執著在理想上。

　　那時候有一個醉漢經常到寺院裡來，他過去曾經做過六年的比丘（當初就是他把蘇美多帶到巴篷寺的）而且非常認真於持戒與修行，可是他從來不觀察自己的心，只是執著於外相，因此他一直沒有消除煩惱或培養智慧，結果最後他捨道還俗，很快就墮落了。曾經也有另一位比丘，是個印尼人，他對「禪坐」特別喜好。阿姜查告訴他不要管什麼正式禪修，而去跟大家一起工作、課誦等，只是注意著自己就好。他學習到放鬆並觀察自己，我後來在曼谷遇過他，他非常讚歎阿姜查、蘇美多及巴篷寺。

　　練習專注為的是培養覺知力，這跟我從其他西方比丘那兒所聽到的正好相反。他們認為一個人必須先達到高深的定之後才能談任何修行。蘇美多說不斷練習覺知就能達到一個平衡的狀態，那就是

目的所在。

　　他談到阿姜查如何對待他，當他剛來的時候，他只想坐下來禪修，所以當他必須工作的時候，他就不高興。有時候在掃樹葉時，他就呆站在那兒，手握著掃帚，不高興地想著。有一回阿姜查看到他便說：「蘇美多！苦在帚中？還是在葉中？」他最終才悟出其中的道理。

　　有一次他覺得他的茅篷地點不好，他喜歡立於更孤立處的那間，阿姜查說可以，不過有個條件。他白天可以待在他要的那間茅篷裡，可是晚上必須走回來睡在他原來的那間。經過幾天來來回回走動，他明白阿姜查是要教導他一件事：接受事物的本來面目，不要隨著他的欲望而爲自己製造更多的麻煩。他明白問題眞正的起源處，於是便繼續待在他原來分配的那間茅篷。

　　隔年多天我也扯進了一次類似的勾當。那時天氣漸漸冷了，有一位正要離開的比丘建議說他的茅篷可能舒服一點，因爲比較小，比較沒有那麼透風，所以我就搬過去。可是那間茅篷靠近寺院的圍牆，白天的時候農夫們會帶著他們的牛經過那兒。這情形干擾到我，因爲我仍堅信禪修與雜音不能融和，所以幾天以後我再搬了回來。某個人注意到這個情形（美國中央情報局和這件搜查出家人秘密的事件無關）並依法向阿姜查報告。他詢問我這件事，於是我在之後的幾年便聽了很多遍這個故事，增添版以及修飾版。他經常運用類似的事件來教學（適度剪裁以達到其效果）。他會告訴人們如何

學習認識這顆心所耍的花招，以及這顆心如何變得厭煩不滿，總是想追求別的東西。「以法拉般若為例——他到巴篷寺來，本來在他的茅篷打坐，可是他不快樂。他搬走他所有的東西到另一間茅篷去住，可是他在那間茅篷也不快樂。所以他想，第一間茅篷還是比較好，所以再搬了回來。」他總是以非常溫和並且風趣的方式敘述這件事，每個人聽了都哈哈大笑，之後他就點出他的意思：這一切都是心創造出來的；去認識你的心吧！

生病是了不起的老師
消除恐懼與自憐自艾的習性

阿姜查強調的事情之一是忍耐（「別無他法，就是忍耐。」他經常這樣說），蘇弗迦耨曾經在提到蘇美多的時候說：「實在是，這傢伙真有勇氣！」這就是蘇美多成功的關鍵。蘇美多自己說過，生病是個了不起的老師，強迫他消除懷疑，以及恐懼與自憐自艾的習性。他在巴篷寺住了一年之後離開，一個人獨自到沙功那空省的山頂上去住。他的腿受到感染，人發了燒，不能走路，所以白天村民抬著他下山到另一個茅篷。人坐在室內，頭頂著鐵皮屋，身淌著汗，許多小昆蟲在他的眼睛與耳朵裡亂飛，他開始覺得自己好可憐，想著如果他當時在家的話，他的母親會如何照顧他、給他冰淇淋及其他什麼的。然後，在他完全沉浸在自我憐憫的情緒之後，他

想到，這就是我，一個三十四歲的大男人，竟然要找媽媽！於是他挺起身開始對自己說：「放下吧！」不斷對自己說，直到他真的放下為止。之後，事情就不同了。

蘇美多現在是阿姜蘇美多，是英國一個欣欣向榮僧團的住持。不過他一直都是一個謙和的人，我希望他不介意我對他這樣的描述。我如此擅作主張是因為他在傳遞阿姜查的教法上一直扮演著重要的角色——開始的時候，因為他的緣故吸引了很多人留在巴蓬寺，之後，因為他是唯一有能力到西方弘法的人。

當我還在曼谷，令我對森林心存惶恐的恐怖之一，便是像蛇及蜘蛛那類的動物。一天早上，吃過飯在返回自己的茅篷時路過蘇美多的房間，他在陽台上，大聲喊叫。當我走近時他說有一條「漂亮的蛇」在他回來時從陽台上跳出去，溜到樹林裡去了，他要我去看看。

我很快就明白蛇不會侵害你，除非是你踩到牠（或者圍困、攻擊牠），而我在那一次拜訪中的確看到一兩條蛇，我當下的反應是鎮靜：哦！這是一條蛇，他們其實還挺好看的。之後我就再也不擔心牠們了。

有道心的顛峰
也會有絕望的低谷

　　大約二個半星期後，我回曼谷，簽證到期需要再延簽，雖然森林的生活比起市區要寂靜得多，可是離開仍是一種解脫。人身在其中的時候，往往不能真正認識它的優點，可是在離開之後，事情就看得清楚了。我有些結打開了，於是接下來的幾個星期，我的禪修似乎快速進步。兩個月之後，我終於決定剪斷臍帶，將餘生投在森林中（至少當時是這麼打算的）。

　　我與達磨古透一起回去，阿姜查又外出不在，蘇美多也到另一地區的金剛光明寺去住。我們不久也被送到那兒去，那是個美得令人讚歎的地方，有好幾百英畝，茅篷就建在山坡上，有些在岩洞中，並且有一個寬敞的大殿蓋在山頂上。那兒大約只住了十位比丘及沙彌，非常安靜，離它最近的村落在三公里外（托缽是個要花上兩至兩個半小時的「精神」行腳）。

　　集體勞動與共修非常少，所以我們有很多自己的時間，偶爾我會與蘇美多聊一聊，他一直談論著事情的變化性：在一個人的修學中，會有「道心的顛峰」，接著，也會有「絕望的低谷」。好一陣子我對自己相當有信心，當他一提到偶爾浮現還俗的念頭時，我想，不會是我；我已經過了這一關了。然而不久，每件事都開始爆發，瓦解了我。

　　因爲這本書是關於阿姜查的，我不該說太多私人的事，不管那多麼有趣令人著迷。總而言之，我以爲自己已經培養成功的那一切都垮下來，似乎有一個絕望的無底深淵打開了。蘇美多鼓勵我把它看個徹底；他說我其實已經找到事情的根源了，有時候你所能做的事只是咬緊牙根忍受，一旦過去了，就像所有的事物都要過去那樣，你會深刻領悟到無常，這份領悟會帶你過一切的關卡。

　　雖然沒有辦法逃離，我還是跑了。我回到巴篷寺，之後到曼谷去。

　　阿姜查曾到金剛光明寺短暫地探視我們，那時正是下午時分，我們在戶外，他走到我面前，細細檢查著我。他摸摸我的肋骨，臉上現出憂慮神情說我變得好瘦——嚇壞的豈止是我的心哪。之後的好幾個月，我還清楚記得那張憂慮的神情。在曼谷的時候事情變得更糟，糟到我最後決定回到森林去死，如果死亡終於要來的話，再不願意到城裡去了。可是在我做了這個決定時，雨安居 ④ 已經開始了，在三個月的期間裡，我們必須待在原來的地方。我數著日子，我當然害怕回去，可是想起阿姜查那麼慈悲地關心我，便給了我一線希望及一絲溫暖讓我抓住。

　　在我離開巴篷寺前往曼谷的前一個晚上，我與沙提曼圖（Satimanto）一同前去見他。沙提曼圖是一位美國籍的沙彌，他能講足夠的泰語以充任我的翻譯。阿姜查一個人正陪著從城裡來一對父子談話，他們是中國人，看來一副家庭美滿的樣子，我心想，或許

我也可以這樣生活……？可是一眼看到阿姜查，坐在他的位子上，高出於我們，簡直沒有比較的基礎：他所知的快樂，遠遠勝過在家人的歡樂（與憂苦）。

（事實上，隔一天晚上我提早在火車出發前就進了城，我被帶到那一位居士家等候。這個家就沒那麼完美了──祖母、妻子、孩子坐在一大堆衣服與垃圾上面，看著電視播放的拳擊賽，音量開得極大。我幻想的在家生活竟然就是這樣。）

這種傻事
具有犯錯的喜劇性

在雨安居期間沙提曼圖病得非常嚴重，必須還俗。同時有一位年輕的美國人，曾經參加和平工作團⑤到非洲去，正路過曼谷，「明白自己過去是個佛教徒」而出了家，也被命名為沙提曼圖。他來拜訪我曼谷的寺院，我在那兒碰到他，他正在尋找一個森林道場，後來決定到巴蓬寺去試試，所以我們在雨安居結束的次日，一同搭上了火車。

我提到這些人，是為了要描述西方人連續不斷在泰國的寺院穿梭。有些出家，有些沒出家；有些停留得短或長，有些甚至不再離開。在這裡被提及的人只是其中的一小部份。往往這些人在離開了幾年之後又再度出現，在曼谷、在巴蓬寺、在蘇美多英國的道場或

在美國的各個佛教中心。

火車快到這條線終點站瓦林的時候，稻田、簡樸的村落和巴篷寺比丘出外的托缽，都是令人歡欣的景觀。當我們來到巴篷寺並向阿姜查頂禮致意時，他說的第一句話是：「法拉般若回來了！我以爲他怕吃糯米（kao nio，是一種有黏性的米，是泰國東北地區人的主食，有些人無法消化。）。」

那個月是迦絺那衣⑥月，在家人於雨安居結束時供養比丘們袈裟織布料的一種儀式。（巴篷寺是少數僅存的寺院之一，那兒的僧眾仍然自行剪裁、縫製並漂染自己的袈裟。同時也自己製作些設備，有些還挺複雜的。阿姜查執意要保留這個傳統。他曾經說到，在泰國大部份的地方，唯一還知道怎麼做袈裟的，是市場裡的中國裁縫師。）巴篷寺有許多分院，比丘們會從一個分院到另一個分院去參加這個典禮，拜訪朋友，看看那些還沒到過的寺院。阿姜查也加入這個巡迴隊伍，所以巴篷寺變得很安靜。我花很多時間在茅篷裡，靜坐並懷著極大的恐懼思考著自己的將來。食物變得更平淡，天氣變得更冷，想著要一輩子行禪⑦與坐禪，忍受著飢餓⑧與疲憊，還幾乎不跟任何人說話。

一個寒冷的下午，我們拿著長柄的木製掃帚清掃寺裡的地面，我想著，如果我們做完工作之後可以喝一杯加糖的咖啡或茶，以暖和筋骨，並給我們一點精力好能在晚上打坐，該是多麼簡單美好的事情。可是，天啊！這已經像是你曉得再也見不到老朋友那樣與之

永別了（將此情境浪漫化總讓事情變得容易些）。

可是阿姜查不在，甚至偶爾的晚間點心也沒了。我就曾聽說過住在森林裡的西方比丘有愛甜食愛到迷了心竅的傾向，最後水壩不支而被沖破。一天早上外出托缽，從我踏出寺院大門的那一刻起直到我踏入門的那一刻為止，大約一到一個半小時，我不斷想著糖、糖果、甜點、餅乾、巧克力。最後我捎了一封信給住在曼谷的一位在家護法，要求寄一些棕櫚糖漿做的糕餅❶。於是我等待著。

我提起這種傻事，一方面是因為它導致阿姜查特別照顧我，一方面它具有犯錯的喜劇性——我早期出家生涯的寫照（請參見：鈴木俊隆禪師❾的「一錯再錯」❿）。

我的幸運
開始變得像個詛咒

迦絺那衣的節慶結束，阿姜查便回來了。過了好幾個星期，有一天我與一位居士去拿藥，我們路過郵局，有我久等的包裹在那裡。好大一包哦，不過螞蟻已經先開動了。

回到寺院裡，我必須到阿姜查的茅篷報到，他問我進城的情形，還有是不是可以找到藥，最後，問我拿回來的大箱子是什麼。實在有點尷尬，因為螞蟻顯然就是個清楚的指示，說明我在這邊搞了些課外活動。好幾位旁觀者在檢視箱子後下了個結論：因為有螞

蟻的緣故，裡面必定有甜的東西。由於還沒打開，我只得喃喃地說是一位曼谷的居士寄來的。

當我最後逃開，回到茅篷那個我自己的天地時，我打開了箱子。裡面竟有二十至二十五磅的棕櫚糖漿及蔗糖所做的糕餅。我發狂了一般，拼命塞，直到肚子痛爲止。之後，我想到要分給別人（因爲消息多少已經走漏出去了，而且我怕如果把它們全部留下的話，會搞得自己病得更重），因此我保留了一些，並將其餘的拿到阿姜查的茅篷。他叫人去搖鈴，全部的比丘及沙彌集合，每個人都享受了一次難得的打牙祭。

那天晚上我跟一位由曼谷來訪的美國比丘一起吃了更多，隔天晚上我無法控制自己，甜餅將我吞沒了；我的幸運開始變得像個詛咒。因此我把糕餅放在塑膠袋裡，決定到比丘的茅篷去四處分送。

一出發我就從階梯上摔了下來，結結實實弄得一身瘀青。那木製階梯在天冷的時候會變滑，我因爲內疚與沮喪的關係，也沒注意到這點。

我去的第一間茅篷裡點著一盞燈，可是叫門卻沒有人應聲。終於在叫了好幾次並等候許久之後，這位比丘才膽怯地問：是誰？（我當時並不曉得泰國人那麼怕鬼。）我給他一些糖，他問我爲什麼不自己留著用，我試著解釋我內心罪惡的狀態，他拿了一塊（要他們多拿很難，因爲把貪或忿怒顯露出來被視爲非常不當）。一路上，我都是這麼做並跟他們稍聊了一下。

有一位比丘，名為卡門（Kamun），似乎比其他年輕比丘年紀大一些，教育程度也高一些。我問他家在那裡，以我有限的泰語打開話匣子。「我的家在這裡，」他說道：「如果我去別的寺院住，那兒就是我的家，非常簡單。」我問到他的過去，他曾經做過公務員，結過婚，生活非常舒適，可是時間久了他開始感到這一切都沒有意義，因此他決定去出家。他已經出家了三年，不想再回到世俗的生活。

雖然我還沒有把糖全部分光，可是時間晚了，我回頭朝自己的茅篷走。手電筒的電池幾乎沒了，所以我點火柴以試著看清楚路面——有好多有毒的東西在森林各處出沒及爬行。我撞到一些黑色的兵蟻，並經歷到有生以來第一次劇烈的刺痛，那感覺像一根刺插進我的腳——有關這類小動物的警告並不是胡謅的呢。我回到自己的茅篷，感到非常愚蠢。

我去見阿姜查
懺悔我的過失

次晨，我把全部的糕餅拿給了一位老比丘，我認為他有足夠的智慧與自制力，能夠處理他們。下午的時候我去見阿姜查並懺悔我的過失。我感到自己已經完了，沒有一點希望。

他正在跟一位老比丘談話，我按例拜了三拜，坐下來，並等待

著。當他招呼我的時候，我脫口而出：「我不清淨，我的心是垢穢的，我不好⋯⋯。」

他看來非常擔心，問道：怎麼回事？我把事情的原委全都告訴了他。

當然他感到此事很滑稽，而在幾分鐘之內，我自己也被他弄得笑了出來。我感到心情異常輕鬆，世界不再像是末日已到的樣子了，其實，我完全忘記了心中的負擔。這是他最神奇的天賦之一。你可能感到非常沉重、沮喪、絕望，只要在他身旁幾分鐘，這些就全部煙消雲散，而你竟察覺到自己正開心笑著。有時候你只需要到他的茅篷去，坐在那兒，當他與別人在說話時，在他身旁就好。甚至他不在的時候，一旦我走近他的茅篷去打掃或清除落葉，我能感到一種「由接觸而來的高度平靜」。當我在打這段文的時候，我想起我後來到恆河邊的波羅奈城的那種感覺，我在夜間沒有人的時候靜坐在那兒，感到多少世紀以來的靈氣全在那兒。

接著，他開始問我。那時我已經在那兒將近兩個月（時間是一九七一年十一月），可能他開始想我會留下來一陣子。他問我是否想要還俗、回到社會去、結婚、賺錢等，我對這些問題的答案一律都是否定的。他似乎想知道我想留下的原因。我告訴他我在曼谷的艱苦，以及寧願死在森林裡也不回去的決心。「死在森林！」他不斷笑著。（他喜歡重複他認爲很有趣的話，並開心地笑它一回。）

我在曼谷時學過泰文，所以可以應付這樣的談話；他挺有辦法

以我們可以理解的語言（及佛法）跟我們溝通。

成為他的侍者
是入門，也是一種特權

　　下午，當我打完水之後，他說你可以來這兒清掃。我的第一個反應是：「他的膽子真大，居然叫我來侍候他！」可是這除了是我的義務之一，當侍者其實已經算是入門，也是一種特權。透過這個工作，我開始看到寺院裡有一種很豐富，很有結構的生活方式，很和諧。這一切的中心便是這位老師，他就是那位可以被依止的人。

　　最後，他問道，為什麼我這麼瘦？立刻有一位在場的比丘告訴他我吃飯時只吃一小團。我不喜歡那些食物嗎？我告訴他我只是無法消化那麼多的糯米，所以我一直在減量。我思惟著我是那麼的貪婪，所以愈吃愈少便是個美德，我已經接受如此的方式了。

　　可是他很擔心。我感到疲倦嗎？我坦承，大部份的時候我感覺自己的體力很差。於是他說，我要你吃一陣子特別的飲食，從白稀飯配魚露開始。你要多吃一點把胃撐起來，然後才吃飯，之後才吃糯米。我是個醫生，他補充道。（後來我發現他確實是一位老練的草藥師，而且對比丘們易犯的疾病很有經驗。）他要我不要給自己壓力，如果我沒有力氣，那麼就不要去挑水等。

　　就這樣，奇蹟發生了，就在那一刻他對我不再是阿姜查；他變

成隆波⑪──「敬愛的師父」。

我開始感到這個人無法撼動
像座山一樣

　　起初，當我被告知不必那麼緊張時，我感到很輕鬆，而且我很可能可以恢復一些體力。之後，那些比丘及沙彌開始展現高度的友善與協助。他們跟我說話的態度讓我感到他們眞正關心我的變化。當他們爲我做事或教我怎麼做事時，他們似乎從來不嫌麻煩。隨著我服侍阿姜查的時間愈來愈多時，我花很多時間跟沙彌在一起，大多是十五、六歲的農村男孩，他們耐心地跟我解說要做什麼的所有細節小處。他們無私的行動對我來說是一件奇怪的事，我明白這可能深植於他們的文化中。

　　通常很多人爭著得到能服侍他的尊榮，而我被允許在黎明前到他的茅篷料理清晨的工作。這意味要在寒冷的早上起得更早，可是我感覺很受到鼓舞，愈是在他身旁，我愈感到安全。偶爾他會給我一些短短的開示，不斷詢問我的進展，問到我的過去等。我開始感到這個人是無法撼動的，像座山一樣。「相信神，就是要懂得在某處有某人並不愚蠢。」我眞正覺得已經找到了那位某人；他對我來說就像那位你一向期待的父親、家庭醫生、傳道師、老師、聖誕老人及未來的超人，所有這些角色的融合。他會不斷從帽子裡抓出兔

子、教誡、要做的事、藥材、任何東西，因此情形開始變得很樂觀，好像有無限的可能性等著我，跟我過去長久以來所想像的恐怖情形很不同。

我在早上煮水，並把冷水及熱水提給他洗臉，當他走下樓梯我便遞上水給他，並捧著毛巾跪著那兒，另外一位沙彌則清洗他的假牙。通常他會拿著毛巾四處走著，我便跟在後面，直到最後他交給我去掛上。他的袈裟要準備好隨時可以搭上，以便出去托缽，可是他一定會先檢查檢查他的茅篷，丟一些米給野雞、坐下來談談、喝喝茶。偶爾，幾位八戒女這時候會來商討事情，觀看當地的比丘及八戒女來見他，總是非常有趣。他們以最恭敬的態度跟他說話，好像很畏懼似的。雖然後來幾年裡我也目睹到他扮演許多不同角色，但跟我們西方人在一起，他通常是個慈祥的老人。他可以讓你愛他、恨他、恭敬、懼怕、懷疑或厭惡他，迅速地耍弄你的心情。在那個時期對我而言，他在慢慢灌輸信心。那些早

阿姜查的茅篷，攝於一九九五年。

攝影者保羅・布里特

晨所發生的事令人印象深刻——寺院裡面幾乎是空無一人，大部份的
比丘已經離開加入別的托缽隊伍，我們距離出發也只剩十五分鐘，
所以那個情境就令人感到緊湊——儘管看到一個了不起的人牙齒全掉
光了坐在那兒非常有趣，突然間看起來會像一位矮小的烏克蘭籍老
祖母。

　　下午清掃完他的茅篷，倒掉他的痰盂，做完其他的事，我會坐
下一會兒，傾聽他跟任何人的談話，有時候跟他說話或分到一杯
茶，大多時候只是待在那兒。當來訪的客人離開之後，他便洗澡，
有幾位在一旁幫忙，拿著他的毛巾，拿著他的裟裟，遞給他乾的浴
衣，搓洗他的背與腳，清他的拖鞋。有一回他問我，你曾經幫過你
父親洗澡嗎？這對我簡直是荒謬，所以我就只說沒有。他說，那很
不好。我必須跟他解釋我們小的時候父母為我們洗澡，可是我們從
來沒有想過要幫他們洗澡。這些文化與教育的差別有時挺有意思
的。有一回在托缽的路上一位老比丘問我還沒來泰國之前做什麼。
我跟他提到我的旅行，之後他問：「當你從美國到英國的時候是搭
火車嗎？」

　　偶爾阿姜查也會問到西方人的生活及其習俗，問到我過去的經
驗，問到科學（他們通常對天文學很感興趣）。明顯地，他並不渴求
任何東西，可是他表現出很高的興致，因為突然間他要照顧許多從
世界那個他幾乎一無所知的角落來的人。他很關心我們。

好像是
把我的生命交給他照顧

　　有一件事他從來沒表示過任何興趣，那便是政治，不管是國內的還是國際的。在尼克森當選連任後不久，有一天他說「尼克森大勝」，必然是某個訪客跟他這樣說，於是他就把那句話依樣說給我聽。又有一次我們幾位去見他，他說：「中央情報局——沒有人知道他們是誰？誰是中央情報局？沒有人知道。」這便是我記憶所及他政治討論之範疇。

　　在十二月中全泰國的比丘及沙彌可以參加各式的佛學考試，他通常鼓勵年輕的去報考，雖然一般說來他並不鼓勵讀書，尤其是對西方人。我們已經花了好多年讀了好多東西，而這些學習並沒有帶給我們一點智慧或平靜，所以他的建議往往是把書裝箱放在一邊。他會說，如果你有大學學位，你的苦就有大學的程度；如果你有碩士學位，你的苦就有碩士的程度；如果你有博士學位，你的苦就有博士的程度。我們怎麼能跟他辯呢？有時我會盯著他然後想：「那個傢伙活像他知道一切似的——他或許確實知道。」

　　雖然情形如此，在考試期間以及考前那些讀書的日子，寺院裡有一段安靜的時期，在他茅篷四周的走動也減少了，所以我跟他有更多直接的接觸。一天晚上在跟他及另一位年長的比丘一起喝完茶之後，我用了二三個小時告訴他們我過去的一切，那幾年不快樂的

時光，似乎永遠無法改變，旅行、吸毒、求學、女朋友、一層又一層的挫敗、在絕望中彷彿看到一線曙光、更多的挫敗，最後把我帶到了泰國的那一切。那實在不很重要，我後來明白，他們對個人的過去，一般不看得像我們那樣嚴重；可是在那個時候能夠把這一切告訴他，感覺非常好，就好像是把我的生命交給他照顧的過程之一。

不停的變化
是這種生活的規則之一

　　幾個月過去了，我開始感到我真正住在巴篷寺，而不僅是過客或虛度光陰。不久我便開始發現阿姜查如何訓練他的弟子。他從來不真正讓你過得太舒服，變化是這種生活的規則之一，他總是不停更改行程及做事程序，以不同的方式教學，對群體以及對個人二者皆然。行程可能非常輕鬆，所以你開始想，這兒的步調就是這樣，這樣很好，然後一天晚上他會開示，把全部都改掉，因此有好幾個小時的集體共修或勞動；過一陣子，他可能又突如其來取消所有的共修。

　　有很長一段時間他會不給比丘任何教導，於是我們大多感到真心渴望得到。突然間他便給長篇長篇的開示，一個晚上接著一個晚上，把我們拖得很晚，讓我們坐在戶外，若天冷則在他的茅篷下，

法拉般若法師攝於一九七四年阿姜查的茅篷，背後為善他戚投法師

在用完餐也是，因此我開始害怕見到他的身影。

他對個人的處理也是一樣變化無常，在我跟了他一年之後，我開始視他為世界上最慈悲的虐待狂。他的風格是，正當你開始定下來，他便把椅子從你臀部下面抽走，或者，你進來渾身疲勞正準備休息，他便在你身上潑冷水。我常常覺得他的方法既猛烈又極端，可能他對每一件事情沒有做絕對最佳的決定，可是這實在不是要點，因為修習的目的在於接受所發生的事。可以信任的是，他真心關心著我們，基本上我們都被他殊勝的智慧所引導著，我們還信任比丘戒法本身的訓練，這一切完全沒有任何傷害性的成份在內。他努力所要完成的，其本身才真正是猛烈，那就是，要把人們從魔王（邪惡者、誘惑者）的掌控中解脫出來，那意味跟所有習慣的、熟悉的與容易的一切戰鬥，與大多數人可能認為的生命本身戰鬥。他不斷提醒我們要有所準備，我們在訓練自己的心時，將會經歷很大的摩擦與不適；有一次他說這情形就猶如我們有一位打孩童時期起就認識的朋友：在我們全部的日子裡，我們都黏在一起做每件事，而現在佛陀加入，並說

我們必須要拆散。

　　可是在第一個冬季我還不清楚將來會發生什麼事。寺院裡的步調非常輕鬆，正如冬季慣有的情形那樣，而我還具有特權的身份。我花很多時間在他的茅篷裡、到居士家吃飯以及隨從他做短期的旅行。之後熱季便來臨了，日子再一次變得非常難挨，於是我開始想，明年熱季（三、四、五月）我要到英國的泰國寺院去住，或到泰國海邊的寺院住。我為自己感到非常悲哀——熱帶的炎熱不像任何我經歷過的經驗。阿姜查很平和，但他以前常常拿我開玩笑，我打坐的時候怎樣放一塊毛巾在頭上、怎樣胡思亂想並做著白日夢。一天他直截地問道，只有你一個人感到熱是嗎？難道別人不會熱嗎？

　　依然，酷熱就是折磨，加上它所帶給我的疲乏與不適。一天下午有一個人從城裡帶來了冷飲，我喝了好幾杯，感到非常舒服，所以我很快想到，我可以要我的家人捐一台製冰機給巴篷寺，可以一天幾個小時用發電機充電，那麼我們就一直有冰塊了……。對我來說這實在是個相當好的主意，最後，我漸漸明白，佛陀住在森林，修他的苦行，沒有任何現代的便利，譬如像冰塊，所以我沒有它應該也能夠忍受並且活下去。後來我告訴阿姜查我內心裡曾想過的這件事。這就變成他在教導如何思惟觀察情境，以袪除不必要的苦的一個「教學案例」：「法拉般若在林中住。熱季來臨了，他感到特別熱，他真的很不快樂，他所能思想的只有冰塊……。可是他思惟觀察，當佛陀生活在森林中的時候他有冰塊嗎？沒有！他沒有。這

便是開智慧，因此他就快樂了，他的問題也解決了。」

原註

❶ 佛陀確實允許五種藥材可以在午後服用：糖、蜜、油、奶油及一種有人詮釋為乳酪的東西。它們被當作是熱量的來源來服用而非作治療用。在泰國，糖在這五種之中是唯一到處都有的。

譯註

① 巴篷寺（Wat Bah Pong）是阿姜查四十歲時（1959），在泰國烏汶省其出生村落旁的巴篷森林裡，所創立的森林道場，阿姜查是該寺的住持。

② 寺院裡幫忙的男義工：他們大多是從鄉下到曼谷的學生，到寺院裡幫忙比丘打掃房間或準備食物。

③ 茅篷（kuti）：通常是由柱子撐起的小木屋。

④ 雨安居（巴利語vassa，泰語pansa）：又稱結夏安居，僧伽於每年七月中旬至十月中旬，進行為期三個月的雨安居。在這段期間，僧伽不外出行腳，安住在一處精進修行。

⑤ 和平工作團（US Peace Corps）：1961年由美國總統甘迺迪創辦，主要是在未開發及開發中國家推動和平人道工作。

⑥ 迦絺那衣（巴利語kathina，泰語katin）：在三個月雨安居之後的那個月裡，供養袈裟的布料給僧團的儀式。

⑦ 行禪：即是在行走時修習禪定，禪修者選擇一條步道，來回緩步慢行，這

種修法能發展覺知的平衡性、準確性與專注的持久性。它是由注意走路的每個步驟所組成，通常分成六個步驟：（一）舉起腳；（二）伸出腳；（三）腳向前移；（四）腳向下放；（五）腳踏在地面；（六）腳向地面壓下，以便接著跨出第二步。

⑧ 在阿姜查的傳統，比丘與八戒女一天只吃一餐，在早晨托缽回來之後。

⑨ 鈴木俊隆（Suzuki Roshi, 1905-1971）：是十三世紀日本曹洞宗的偉大禪師道元的法脈傳人。

⑩ 鈴木俊隆禪師引用道元禪師說過的：「一錯再錯。」並認為在道元禪師看來，一錯再錯也可以是禪。一位禪師的生活可以說是包含了很多年的一錯再錯，這意謂著他需要花許多年的時間，來從事專心一意的努力。參見《禪者的初心》頁44-47（橡樹林文化出版，2004）。

⑪ 隆波（Luang Por）：師父，音譯為「隆波」，是泰國人對年長比丘尊敬與親切的稱呼，直譯為「尊貴的父親」。

第二章　在巴蓬寺受具足戒

薩惹哈（Saraha）① 說如果你已經找到這樣的至尊上師，

依止他你就能得到他的口傳，

這就好像你的手掌中已經握有一顆如意寶珠一樣。

阿姜查法師

鈴木俊隆禪師說過這樣的話：「我們所有的精力都應放在修行的持續上。」一度，我完全陷在掙扎度日之中。新人往往懷著很高的信心與道心來到森林，能夠嚴格自律一段時間，可是當他們開始失去所有的這些時，那才是他們真正到達的徵兆；所有在表層下的心理障礙及困擾開始浮現出來。我想我某些方面漸漸地變得比較隨便。而我仍然是一個沙彌而已，對我及另外兩位西方人來說，受具足戒②成為比丘的日子即將到來。阿姜查有意讓我們等待了很多個月（當我終於受具足戒時，我已做了二十個月的沙彌），可是他有一天告訴我們，當沙彌時我們只修百分之五十；做了比丘我們就得使出百分之百的力了。

當然，並不是在一個單純的儀式之後就開始努力修行。比丘有很微細的戒條規範一切的行為與舉動，這些沙彌只能仿效一部份，而且沒有同等的強制性，因為還沒有發願的緣故。

當你回頭看的時候
你一定會笑

阿姜查一再強調，我們至少要花整整五年的時間做好準備，這是比丘的戒經，亦即律藏所規定的傳統，可是現在很少人遵守了。基本上他所說的是經過了五年，比丘就能夠照顧自己；他所用的字，字面上是「不再依賴」。阿姜查說，佛陀修行了五年，忍受了很

多的苦；在他的第六年，他找到了平靜。

　　時間對那時候的我來說並不重要，說實在，我那時並沒有自己可以構想的未來。既使他說上七年，或五輩子，反正看上來都是那麼無邊地漫長，又是一件不可思議的困難任務。一個人生活在寺院裡能享受許多特別的經驗，沒有未來地活著便是其中之一，而這也就是出家生活裡最為可怕的事情。我經常想人們可以做任何犧牲，只要他們仍有個可以嚮往的未來。而那時我卻根本不能想像去做別的什麼事情，去別的什麼地方，過另外一種生活。現在回首起那段日子，我覺得那更像來自前生，或是一部影片的記憶。

　　多年之後，阿姜查有一次跟我說：「當你回頭看的時候，你一定會笑；當你想到法拉般若過去的模樣時，你一定會笑。」那種我活在其中的無望和絕境，現在回頭再看，似乎非常珍貴，因為我使自己真正生活在當下。我所經歷的種種苦難是一個具體而又可觸的經驗，我總是能夠對付。那時候我的努力只是為應付下去，我根本沒幻想過「開悟」或證得任何智寶。後來，朋友和親戚們聽到了我的出家之舉後，都說那是多麼有勇氣的一件事，需要毅力、信心及崇高的理想等。但是事實並非如此；只不過是陷入絕望之中而已。阿姜查的那種將人推到忍耐極限之上的方法對我這種人來說，簡直太適合了。我常常這樣思量，耐心在所有圓滿行之中是最容易修的了，因為你根本不必做任何事，你不過是坐在那裡忍受就好了。

他創造一個大環境
讓他們認識自己

　　受戒的日子近了，在一個星期前，巴篷寺舉行了一次沙彌的受戒儀式。典禮上我抬頭望著阿姜查，內心想著五年的承諾。我感到自己像一個新郎看著他的準新娘，撫心自問她是不是適合我的那一位，她是不是真的願意這樣走下去。是的，我認為，我願意。

　　我們跟十九位泰國人一起受戒，雖然我們比他們都資深，也就是說，我們受沙彌戒的時間都比較長，但是他卻最後才傳戒給我們，這意味著我們永遠必須坐在後排，並於排隊走路時在他們之後。資歷在那裡是一件大事，這也是他的拿手伎倆之一，把你置於一個令你的尊嚴被攪動並感到受傷的處境。阿姜查不僅是教誨人，他還磨練人，他創造一個大環境及某些特殊情境，讓他們認識自己（然後放下他們所認識到的）。

　　那幾年裡，他會說類似這樣的話：「在我所教的裡面，你懂得大約百分之十五。」或是「他出家了五年，所以他明白百分之五。」一位年輕的比丘聽了後面這句話，於是說道：「那麼說，我必然有百分之一，因為我來這兒已經一年了。」可是他說：「不是，出家前四年，零分；到了第五年，你才有百分之五。」所以，我覺得他的重點是在於磨練，而不是只教人聽懂而已。這並不是說他沒有教「深奧的」佛法。往往我不明白他所教的或隨便說說的某個東西，唯

有在後來再度聽到或憶念起來才明瞭其中的含意（通常是很久，譬如說是幾個月或幾年以後），這種理解，我相信，要歸功於那一段期間的訓練。

隨著巴蓬寺名聲的傳揚，出家人開始從泰國各地前來拜訪或居住，其中有些年資很長，甚至有長過阿姜查的。這樣的人通常習慣受人尊敬與服從，可是他對新來的人態度幾乎一樣。訪客常被告知可以停留三天，而且一般來講只能睡在大殿，那個主要的集會廳。如果他當真是來修行的，持有其受戒師或前個道場的推薦信，他就會分配到一間茅篷，並進入試練階段。他將坐於大眾師的最末，不允許參加僧眾正式的集會，譬如每半月舉行的布薩日③，懺罪及誦二百二十七條的波羅提木叉④戒。幾個月之後，他們就會得到正式的地位，可是必須先將所有的袈裟及所攜帶來的物品捨出來。有時候他們會帶來漂亮而又被珍重的東西。他特別喜歡跟老年人過不去，那些晚年出家的人。我記得一位老人從一個村莊的道場來，他已經出家了十五到二十年。他有一個嶄新的缽，阿姜查在他一到的時候就把它收走，給了他一個舊的、小的、粗製便宜的缽，叫他排在隊伍的最後。阿姜查不是那種取笑別人的自尊、愛執或怪異行為的人。那些承受得住他的考驗的人，往往發現他們待在巴蓬寺的日子是值得的。

只要看住你自己
不要管別人在做什麼

　　我以前就聽人家說過，做一個比丘，持守律藏中的戒條，會有很大的差別，單單有第三件袈裟搭在我的肩上，就眞的讓事情感覺不同。

　　阿姜查告訴我們，因爲他是我們的老師，我們應該依靠他，那意思是說，爲了精神與色身的需要我們要老實依靠他。他告訴我們，我們現在像似孩子──我們的心被欲望與無明控制，我們不會照顧自己，所以我們必須依靠別人的指導。我們有義務服侍與服從我們的老師，反過來說，他有義務爲我們的安樂負責。這個明顯與只是混日子的態度截然不同，然而當你身歷其境時，那簡直是再合理不過的了。戒律的情形也一樣，他們幾乎涵括了你在一天當中所做的每一件事，他教導新來的比丘要非常嚴格遵守戒律，遵守到如果你認爲自己可能違犯了某條戒，便無法安眠的程度。很多戒條出了道場的環境就根本沒有意義了，然而它們對這顆心的訓練是一個非常有效的工具。在這麼多年的歲月裡，我聽到他一再強調，修行的基礎是戒行與正見。日常生活最是平凡，而且往往十分單調，你可能感覺自己沒有進步，可是有一天，幾個月或幾年之後，你會明白有一些很大的改變發生了。

　　他拆散我們三個西方人，送我們到不同的分院去過雨安居。在

我們出發之前，我們決定去告訴他，我們所感覺到的寺院裡的問題，大部份是跟其他的人如何生活與修行有關。當然，依泰國的標準來說，這樣做是很不妥當的，可是我們真的很認真。我們把不滿條列出來，他直截了當地回應說：「我沒有教他們做那些事。」接著，他說事情本來就是這樣，而且一向都是如此。當警察在一旁的時候，小偷就整肅他們的行為。如果他問說：「這兒有沒有小偷？」他們會回答說，沒有，這兒沒有。可是一旦他走了，他們就又幹起活來了。這情形在阿姜曼的道場是這樣，跟佛陀在世的情形也相同；所以只要看住你自己，不要管別人在做什麼。之後他又說，是對著我說：「法拉般若像一個足球。你知道足球是什麼嗎？別人會踢它——碰一聲！——它穿越運動場：之後某個人踢它，它又飛往另一個方向，後來，又被踢了出去……。」我們繼續談著，於是我提出另外一些疑問。這一回他就發動攻擊了：「法拉般若像一隻頭上生了瘡的狗，你知道什麼是瘡嗎？這隻狗躺下來休息，蒼蠅就飛過來開始吃它的瘡，所以牠爬起來跑到另一個地方。牠歇下來，但是更多的蒼蠅找到牠，又開始吃它的瘡。牠又再跑掉，可是蒼蠅總是能找到牠，因為瘡存在的關係。」

過著安靜沉思的生活
在每一個呼吸中培養覺知

　　我被派到一座規模小，新建好的寺院，它座落在一個髒亂而且樹木稀少的林子裡，那兒大約有十位比丘與沙彌。遠離我的好友及巴蓬寺熟悉的環境，我再一次獨自陷入種種念頭之中。懷疑很自然在心中生起。那時我正與國內的一位朋友通信，他回信的時候寬慰我說：「身著黃色袈裟的比丘，你過著安靜沉思的生活，在每一個呼吸中培養覺知。」聽起來挺不錯。一天下午在勞動的時段裡，我在烈日下拖拉著木塊，我想起這些話並細細體會其中的幽默。

　　能把自己的疑惑解決的比丘確實是稀有難得的，可能這顆困惑的心除了通過種種令人暈眩的疑念、不定和心對它的反彈，沒有其他地方可以展示它的微妙。新出家的人尤其容易成為這種犧牲品，幾乎任何事物都可引起疑惑——對佛法、對出家生活、對老師、道場、個人所吃的食物、對個人的能力及「業」⑤、對禪修的方法……。阿姜查與蘇美多兩個人都用一個非常直接的方法從迷宮中走出來，那便是只要單純認識到疑惑就是疑惑而已，沒有其他更多的東西，觀察它從心中生起和滅去，正如其他任何事物一樣，不要受它勾引而跟它跑，或繼續營造它。當你清楚看到疑惑或任何其他東西在心裡生起，你明白：有什麼好懷疑的呢？

　　蘇美多有時會建議用公案的方法，以懷疑對治懷疑，可是他更

常強調堅持觀察，放下你的心，截斷你的後路，邁向不可知。在我還未受比丘戒之前的熱季，他也短暫停留在巴篷寺，我把我的懷疑與挫折向他傾訴。他特別提起一位來訪的外籍僧人講身體是修行的工具，如果生活環境使你的身體衰弱的話，可能它就對你不合適等等。蘇美多說：「法拉般若，我聽過所有外國僧人的話，盡是狗屎。」

煩惱站在外面
望著我，嘲笑我

　　然而懷疑老是回來。本著大悲心，阿姜查不讓人們永遠待在同一個跑道，他會把人置於某些情境，讓事情帶來轉機。總之他設計了我。當雨安居開始的時候規矩變得嚴格，我感覺索套緊了起來，因此不太快樂。我不斷被住持，一個脾氣暴躁的老人，以及第二號比丘，一個煽動性強實際負責教學的年輕人，檢查並糾正。其實我們有許多勞動體能的事，早晚的靜坐及課誦，外加好幾小時的閱讀律藏及其講解，這些一般都認為是在整個大千世界中最乏味的經驗之一（它甚至有一回把我的打嗝治好了）。最後我決定不該住在那間寺院，因此一天下午我前去見住持。我告訴他，我要離開了，我要回巴篷寺。你不可以離開，他說道；雨安居已經開始了，你必須等到結束後才走。我不管，我要離開了。不可以，他堅持著。你的阿

姜⑥送你到這兒，所以你要待在這兒。那麼我要還俗，我說道，我就是不能住在這兒。我們這麼重複爭論著，最後他說，沐浴的時間到了，他站了起了，轉身便走開，把我丟在那兒心裡思索著如何「跳牆」。

可是我留了下來。我去找第二號比丘，阿姜俄內克（Ajahn Anek）談。他承認生活確實不容易，不過，他說道，它是清淨的。這種生活沒有過失，其中沒有涉及惡行，沒有造成對自己或他人的傷害。

懷著腿疼及內心的痛苦與抗拒，我按耐著坐完這些閱讀及開示課。一天晚上下課了之後我們仍坐在大殿，阿姜俄內克問我對這一切的看法如何，我說我對它的價值感到懷疑。他問懷疑有沒有帶給我快樂，你究竟擁有什麼值得留住的東西？你正如每個人一樣朝著老死邁進；停在無明的狀態有什麼好處呢？我說我認為靜坐才是達到解脫的方法，可是我做了那麼多的工作，課誦及閱讀，沒有多少時間靜坐。他回答說當我在茅篷裡靜坐的時候，我的煩惱站在外面，望著我，嘲笑著我。學習依著戒律生活，從容的舉止訓練把覺知融入做的每一件事情裡，才是真正能幫助我的。教導新出家是他的責任，而不只是讓他們不知所措地躊躇，他提醒我，鼓勵我堅持下去並試試看。他保證地說，在雨安居結束時，法拉般若會是一個新的人。之後，他讓我知道隆波把我送到這兒就是為了這個目的。阿姜查告訴他要仔細盯住我，不可以讓我隨心所欲。法拉般若喜歡他的享受與舒適，阿姜查已經告訴他；不可以讓他順他的意。

那便是這老人家的設計！隔一年有一次，有幾位外國人在巴篷寺，阿姜查對我說：「開始的時候，就讓著他們，給他們自由做他們喜歡做的事；當他們把自我展現出來時，你就認識了完全的他們。之後你就可以開始因材施教地訓練他們。教導徒弟的方法便是這樣。」聽了這些，使得過去所發生的事變得更為清楚。

戒條是優雅的
讓這顆心明亮許多

有一次我決定更努力修行，例行的事開始變得更具意義，戒律之道開始像一個黃金之道，導離困惑與痛苦。我重新學習每一件事。戒條涵括了一日之中每一個小動作，吃飯、沐浴、走路、說話、穿衣。甚至在大殿裡清嗓子也遭到指責——「法拉般若，這樣做不雅。」嗯，從外面看，這聽起來挺壓抑的，可是事實上那令生活更單純更自由。你不再想你要什麼或你喜歡怎麼做每件事，因為每件事的作法已經為你訂好了。那個作法是優雅的，讓這顆心明亮許多。

我還是跟這位住持鬧了幾次衝突（經過這些年，結果是不論他去到什麼地方，人們都跟他不合；我想我們在過去的某一世必定是夫妻），第二號比丘才是真正的老師，他比較善體人意。我被鼓勵去盡一個弟子的義務，譬如說摺疊住持的袈裟、洗他的足 ❶ 等。有時

候我雖恨不得離那粗魯的他幾千哩，我依然會折服自己謙遜地跪下來爲他洗腳。這樣做的價值是我從阿姜蘇美多那兒聽到的，在這些年中他提過好幾次。首先，他指出我們恭敬這個黃色袈裟所顯示出來的完美境界，而不僅是某些正好穿著此衣的人。藉由踐行戒律所要求的修法，我們可以放下這個分別習性很重、老是在挑毛病並判決誰值得或不值得被恭敬的心，切斷怨懟、驕慢等，同時你只專注於觀照自己的心態並不受其控制，人們往往一再反覆繞圈子，不能放開或切斷。有趣的事竟然是，透過做這些事我往往感覺好多了，健康的心態，譬如友善與恭敬等，會非常自然地出現。

　　雨安居結束時我因小腸感染蛔蟲而回到巴篷寺，阿姜查非常客氣地迎接我，而且準備了粥並看了一位眞的醫生。一旦我安頓下來，我明白自己在過去幾個月裡成長了一些。阿姜查有一天問我：「你現在比起以前稍爲快樂一點，對嗎？」他問到雨安居的情形，我告訴他那並不好過，不過阿姜俄內克是一個傑出的訓育官。他說小寺院是好的修行地；你一直跟同一小群的人在一起，吃飯、工作、靜坐，當你生氣或鬧彆扭時，你沒有其它地方可以去，你無法離開那些你認爲引起你痛苦的人，所以你必須觀察自己的心。一般說來，我發現在那些眞實的情境裡，我通常傾向於將注意力專注於最微小的事物上（有些可能壓根就不存在），直到它高漲到一個程度，那位坐在我旁邊的人就必須爲世界上百分之七十至八十的痛苦負責。

這些觀念變得非常真實
穿透我的心

　　又到了迦絺那衣的季節，冬天接著降臨了，寺院裡又再度輕鬆下來。我有更多的時間與阿姜查在一起，我想他很滿意我可以熬過我比丘生涯的第一個雨安居，而且也確信我會停留一段時間。某個下午我到他的茅篷去清掃，當我坐下來，他問我是否知道什麼是糞掃衣⑦？傳統上，它指的是人們所丟棄的碎布，尤其是用來包裹死屍的布。雖然比丘不可以拿別人未曾給與的東西，但有些例外的情況，譬如親厚想，即使用屬於同行比丘的東西，此人可以確定他不會介意；或糞掃衣，那塊布料經此人仔細觀察後，知道是被丟棄的。現在在家人有時把裹屍布吊在寺院的樹枝上，讓比丘們去拿。隆波跟我解釋了這些細節，他補充說：「我根本不會向一位想要還俗的人做這些說明，可是對像法拉般若這樣的人，他沒有要還俗，我是很樂意這麼做的。」之後告訴我有一個人拿了這樣的布來。我想不想去拿那塊布呢？他說我應該去看看那塊布，然後想一想，這是一塊被丟棄，沒有人要的布，因此適合出家捨俗的我。然後我應碰觸那塊布，思惟它原來是用來包裹死屍的；現在我要用它做成一件袈裟以包裹自己的身，它有一天也會同樣成為屍體。

　　經過這樣的教導，我走到那塊布的地方，覺得這件事有些蹊蹺；那塊布其實是乾淨的而且是新的。可是當我真正開始依隆波所

說而做的時候，這些觀念變得非常真實，穿透我的心。這是另一個僧團傳統中極為善巧的例子，這些有時很難領會，直到你真正付諸實踐為止。

我們需要的時候
他總是在那兒

　　蘇美多在去印度的路上繞到泰國中部去，巴蓬寺裡只剩下另外一位外國人。幾位訪客來，其中一位是叫薩密塔（Samita）的三十五歲沙彌，極度神經質的紐約人。他出家的幾年內在泰國與斯里蘭卡之間被踢過來、踢過去，找不到一個地方安頓下來。我前一年曾在曼谷見過他，用亨利‧米勒⑧的話說，這情形就像在一個破裂的鏡子中看到自己。他到的那天早上，我帶他在托缽之前見阿姜查，阿姜查只花了大約三秒鐘就把他看清楚了，他把仍是沙彌的侍者支開（在那兒每一件事幾乎都是完全公開的），跟我們暢快談天，透過我問了薩密塔幾個問題，當我們退席的時候，他問我「薩密塔」的意思是什麼？我告訴他：「寂靜者。」他說：「不是『混亂者』？」

　　他安排薩密塔作為我的「徒弟」，那實在非常挑戰，因為他的心實在無法穩定安在一條路線太長的時間，他會要各式各樣的把戲以引起注意，很干擾，考驗我的耐心等。他基本上是誠懇的，想要為善，可是他實在無法控制自己。大約一個星期之後，我已經到了想

把斧頭砍向他禿頂的地步。

可是他確實是到阿姜查這兒求教導的,而且似乎對他抱著敬意。一天早上當我們從村落返回,走在阿姜查後面,他以非常安逸的步伐走著,薩密塔要我去請求他的允許,讓我們走在他前面。這通常只要打個恭敬的手勢並往前走就夠了,可是我上前去請問。隆波只點了半個頭,同時發出了一個他慣用的低音:「嗯。」薩密塔問我那是什麼意思,我說我們已經被允許走到前面去。薩密塔恭敬說道:「我曾聽人家說過大師們就是這樣回答,他們只發出像剛才那樣的聲音。」

一個下午在他的茅篷,薩密塔問到阿姜查教禪修的方法;他是否用每日小參的方式(即「檢查心的狀態」)?阿姜查說,在這裡我教我的弟子去檢查他們自己的心態,去參他們自己。或許法拉般若今天生氣,或他心中有貪欲——我不知道,可是他應該知道。他並不需到這兒來問我這種事情。

當然,在我們需要的時候,阿姜查總是在那兒,不過他確實鼓勵我們培養這種自立的態度。至於在禪修中生起的特殊經驗,我認為他在數年前以泰文出版的簡傳中,曾對這種方法做過清楚的總結。在他的隱居期間,每次產生不同以往的體驗,他就想,這是什麼啊?不久答案浮現了,它只不過是它本身罷了,他的疑問就這樣歇下來,因此能進入更深的禪修中。不過我也應該點出,他確實也說過,碰到這種事,人們也非常有可能走岔,如果自覺的力量不夠

的話，一個初學禪的人在那種情境下需要依賴老師的指導。以他爲例，在他剛起步時，他無法信任自己的心，可是過了幾年以後他可以了，於是，他能夠自己處理那樣的情況。

棘手的徒弟

年尾就要到了，薩密塔跟我兩個人都要到曼谷去延長我們的簽證、看牙醫並做些其他的事。阿姜查被人邀請到大城參加一個寺院的慶典，該地離曼谷大約一百公里，所以他決定我們可以跟他去，待在那兒幾天，從那兒再去曼谷。他建議薩密塔與我可以花幾天時間，一起走最後的一程路，起初，這主意聽起來挺好，可是我很快就受夠了薩密塔。因此在我們離開的前一天，當阿姜查正在沐浴的時候，我合掌以慣常的方式表達了恭敬之意，並說：「隆波，我們到了大城以後，我不要再負責照顧薩密塔了。」

他轉過來盯著我，給了我一個銳利，足以讓世界停止運轉的表情。「法拉般若，」唉呀，我想，我不該說這話的，現在他要叫我滾蛋了：「我忍受了你，你當然應當忍受他……。」可是，他實際上說：「法拉般若，當我們到了大城的時候，我要你去告訴薩密塔，他不可以再回來，這兒已經有夠多的外國人了。」

我以前從來沒聽過他因爲認爲弟子們不適合，而把任何人拒絕掉，我只能想起另外一次他這麼做，那是幾年以後的事，不過薩密

塔確實是個特別的例子。當我們抵達大城時，我告訴薩密塔。他不高興，一直跟我不停爭辯，縱然我告訴他這不是我的決定。我們一起找阿姜查討論，他說薩密塔應該去一個寺院，他能夠適應那裡的型式，好好把自己交給住持，如果經過一年的訓練之後，那位住持願意給他一封保證書，那麼他就可以回到巴篷寺。

可是當阿姜查回到巴篷寺以後，我愈來愈被這傢伙干擾。最後我們搭火車去曼谷，我提到我或許會給住在紐約的父母打電話，他問說是否可以請他們聯絡他的父母，讓他們知道他一切平安。我說，當然可以，只要把名字及電話號碼給我就好。他開始寫下來，順便寫了些訊息。可是他不停寫，寫到他整張紙都寫滿了，最後結語為「愛你們的　史都華敬上」。我必須把他的信以聽寫的方式告訴我父母，他們可能為了這通電話每分鐘要付十塊美金！我要他刪減一點，之後他決定他還是自己打這通電話，那麼就不必麻煩我。我一直清楚記著這件事，因為那是一個非常好的例子，可以看出他是怎麼樣心不在焉。

我們從大城搭火車去曼谷郊外的暖武里省，然後到蘇美多所在的莊嚴舍利寺。我抵達時說的第一句話是：「這位是我的徒弟，薩密塔。我把他交給你。」

蘇美多也非常的慈悲，可是他一點忙也幫不上。

薩密塔去到曼谷一個他之前待過的寺院，他去拜訪了幾次，最後他漂流到他處，去別的寺院，之後還俗，回家。幾年之後他們聽

說他又回到斯里蘭卡，又出家了，又跟他的戒師合不來，獨自到森林中住。後來他被大象踩死，他的骨頭被找到了。當阿姜查聽到這事，他說：「現在他可以平靜了。」每位認識薩密塔的人都同意這個判斷。

不論讀過或聽過他的教誡多少遍
總被那簡明和清晰所震撼

新年之後我回到巴篷寺（時間是一九七三年一月），我因為能在蘇美多去印度之前與他共住幾星期，加上豐富的曼谷食物的緣故所以精神非常抖擻。我到的第一天就去向阿姜查頂禮致敬，我告訴他我今年真正要修行，我要做我煩惱的主人。這件事出發點是好的，可是依泰國的標準這樣說是不恰當的。當時有好幾位比丘也在場，在後來的幾年，那些話在我懈怠的時候被猛地推還給我，不過從來都不是由阿姜查說出來的──他的方法更委婉，也更致命。

好幾位西方人陸續出現，原本我是唯一住在那兒的外國人，那時我已經把泰語及當地的寮語講得很流利了，因此阿姜查把他們都交給我作為我的「徒弟」。他會跟他們說，這位是阿姜法拉般若。他是你們的師父不是因為他有任何智慧，而是因為他是這兒唯一可以為我翻譯並告訴你們怎麼做的人。

過了一陣子我發現，被賦予一些像這樣的責任，對我的成熟是

向前跨了一步，我也漸漸感到，能夠爲他的教誡擔任中間人，是個多麼大的榮幸，我對語言的領會比去年好很多，因爲我在那兒的生活體驗的關係，我感到跟教法更爲親近，我必須用心於他所說的每一件事，而且牢牢記住，因爲其他的人依賴我把法傳遞給他們。有時候我們這一小群人也得到特別的開示，我就一點一點翻譯——雖然他正進入某個主題時，他會半閉著眼睛，連續講上十至十五分鐘才停下來讓我翻譯。當他對全體僧衆開示時，我就在那天晚上或隔天翻譯。因爲他的開示有時持續二至三小時，我開始寫筆記。我從沒用過錄音機，因爲他的講話有些非常有力而且非常美，我之後能確實逐字複述出來，它們在我身上烙下的印象，就是這樣深刻。

有一位新來的人帶了一本道元禪師的《曹洞禪入門》（*Primer of Soto Zen*），其中錄有道元禪師的開示，每篇開示前總是：「一天晚上道元禪師說……」或「道元禪師一天晚上向比丘說道……」等。我開始想著：「一天晚上阿姜查說……」很快我就把他的開示摘要及談話整理成冊，其標題爲《查說法》（*Chah Speaks*）。目前它仍在那兒流通，它也成爲《寧靜的森林水池》（*Still Forest Pool*）❷ 一書大部份的內容。

一九八一年，當我第一次以在家的身份回去，參訪國際森林道場——巴篷寺第十九個分院，於一九七五年爲西方僧衆的訓練而建立，見到一位年輕的比丘登上法座，朗讀已經流傳那麼多年的《查說法》，心中不由生起一種很特別的感覺。不論我讀過或聽過他的教

誠多少遍，我總被它的簡明和清晰所震撼。我非常清楚記得給這些開示時的環境與因緣，而那些年輕的比丘竟然比當時成長得那麼多。我明白那段日子永遠屬於過去了，因為在那之前阿姜查就卸下教學的工作，不久他就因為生病的關係完全不能說話了。

戒與法都是世俗法
是用來完成事情的工具

在每半月誦戒之後，阿姜查會講一個關於出家生活與持戒的目的及其活用的開示。主旨雖然不變，但是對主旨的解說卻總是新鮮而生動。也就在這時的時機，他會做長一點的開示，有時會一直到清晨三點，甚至到五點。那多半是為了更進一步激勵那些比丘，測驗他們的堅忍力，給他們一個觀察自心的機會。

大約六七點左右就會搖鈴，可是到布薩真正開始的時間，已經是八點或九點了。他常常讓我們坐在那兒等他，因為他在他的茅篷裡跟人談話、沐浴，之後才悠閒步行到大殿。一個小時內儀式就結束了（除非負責念誦的比丘念壞了；當支支吾吾一出現的時候，阿姜查就會去扯那可憐比丘的袈裟，講些笑話，或自己開始唱誦），之後大約一個小時或更久，他會跟長老比丘聊天，討論某些事情（單單點派九個僧眾去居士家應供，就可以花去幾乎一個鐘頭）。之後他會開始開示。他可以持續地講而中間不休息，一講就是二小時，可

是若他二小時後還是繼續講，我們就明白他有特別的用意了。他也知道我們明白了，我們知道他曉得我們明白了，可是我們就只能坐在那兒。他會突然把話岔出去，四處找話題說，問某個比丘一個問題，可是自己卻回答了起來等。

　　就我所知，阿姜查對戒律的態度在泰國是很少見的，守持戒律的道場本身就很少，這些地方的態度多是嚴格拘謹的。阿姜查教導說，戒與法都是世俗法，是用來完成事情的工具，在使用這些工具時，他是有彈性很有創意的。因此很容易就發現似乎矛盾之處，如果你只聽他所用的字眼的話。有一次我問他，你說過一旦我們察覺到有犯戒，我們就應該發露出來。對啊，他說。我接著問，可是你又說，只要知道我們犯了過失就夠了，我們不必馬上跑去找一個人去懺悔。對啊，他說。

他從來不批評
那些不能好好修行的人

　　這一年的熱季又相當令人難忍，我剛剛才無奈地調整了自己的節奏，他突然間又修改了日程。我們從下午五點開始行禪三小時，之後課誦，然後坐到十一點。早課從三點半到天亮，吃完飯之後再靜坐。嗯！資深的比丘總愛提起過去，巴蓬寺在阿姜查年紀較輕及僧眾的人數較少時，他們如何在最苦的環境下精進修道：「這就有

些那種味道。」有一個人說道。

　　當然，在那個月或接下來的那個月裡，我感到自己很可憐，可是泰國僧人具有像牛一樣的順從堅忍性格，從他們身上，看不出一絲絲不舒服或不高興的樣子。可是我逐漸注意到，大部的人在連續幾個小時的靜坐時段裡都睡著了。事實上，他們的身體非常有彈性，他們往往可以在每週的整晚靜坐時，以坐著的姿勢睡覺。許多年輕比丘也在這段時間裡還俗，我漸漸有了一個對於僧團更真實的圖案。雖然巴篷寺是個很突出的道場，許多出家人到那兒去，只是為了滿足他的社會義務而要到寺院住一段時間，因為他們的父母送他們去，因為他們不想一輩子耕種稻田。因此我開始想，阿姜查究竟教的是誰呢？他珍貴的教導究竟是針對誰說的呢？當我第一次到巴篷寺的時候，看到比丘們坐在那兒安靜聽他開示就非常感動。經過兩年以後事情就變得清楚了，他們不過是一些平凡人，他們的心根本不在那兒。正如阿姜查有一次問的：「你們真正在聽開示嗎？還是當老師在開示的時候，你的心跑到別的地方，想著：『嗯，我真喜歡地瓜！』」

　　可能不是阿姜查所有的分院都延續他的教導，可是這些教導是免費宣講的，說給任何有耳朵的人聽。位於邦外區國際森林道場的新住持在一九八二年為阿姜查慶生的會後說道，他一直認為阿姜查所做最高尚的事情之一，就是他免費教導，從來不挑剔或批評那些不能好好修行的人。

他的話，他整個人
簡單說便是放下

　　阿姜查似乎對深爲苦惱所擾的人特別好。除了他的大悲心之外，我懷疑是因爲他能在人們身上以及他們的困境中，看到很高的幽默，不是無情的取笑，而是對人性毅力眞正的賞識。像這樣長期受苦的一個外國人便是阿倫亞柏（Aranyabho），一位年輕的英國沙彌，於一九七三年初來的。他在家的時候有些好的禪修經驗，他往往也很肯定自己對佛法高明的理解，可是他會被強烈極端的情緒所牽動。我們在井邊沐浴或在我的茅篷喝茶的時候，曾有不少很深的談話。他最令人難忘的一句話是：「你曉得，法拉般若，我們想要做的事是辦不到的，可是我們就是要把它辦成。」

　　阿倫亞柏有很多擾動不安的精力，隆波告訴我，他有時會看到他在寺院裡穿來穿去。「他大概是要去見法拉般若吧！」隆波這麼想。後來又看他走回來，之後又走過去。逼迫他生起還俗之念的事情之一，是他母親的來信，央求他回家，對他表示失望，跟他斷絕關係等。經過幾個月以後，他終於告訴我這件事。隆波經常建議我們減少寫信──事實上巴篷寺的規約中提到，住持要讀所有進來及出去的信件，可是對於外國語言的信則不實際了──在雨安居期間我們就斷絕一切的通信。我告訴他阿倫亞柏的抑鬱及其想還俗的念頭後，隆波說：「信件是引起感覺的境。」信牽動了心，這就是爲什

麼他試著要控制通信。

　　照舊，我對阿倫亞柏印象很好，因為當我跟新來的人在一起的時候，覺得他們似乎都比我當年新到的時候更清楚、更虔誠。但是往往我最讚賞的人後來竟然變得最不穩定。阿姜查經常批評我的誤判，說道：「以前，我會問法拉般若，這位新徒弟如何？他會說：『非常好，非常好！』之後這個徒弟就驚嚇得跑掉了。現在我問，這位新徒弟如何？法拉般若不願意說任何話。說不準，說不準！」

　　因此阿倫亞柏決定還俗也就不足為怪了。因為他到這裡不過數月，阿姜查就輕易讓他走了。他搭火車到曼谷，幾天之後他又折了回來。走不了。可是他也不能拿定主意。他到一個分院去住，幾個星期之後又回到巴篷寺。他說每天早上他會去見住持，告訴他他想還俗，住持就說，可以，把行李整理好，我要把你送到巴篷寺去。到了晚上，他就告訴他他要留下來，住持也說，可以。最後，他真的把行李收拾好來見阿姜查，可是等他抵達巴篷寺的時候他又改變了主意。他回來熬了一個雨安居，之後就還俗了。不到兩年他又回來，年紀增長了，也變得更有智慧。

　　阿姜查這一回真正把他修理了一番，告訴他，直到他六十歲才會為他剃度。他要他穿白衣⑨並持守八戒⑩，如慣常的作法，接著說，你要穿白衣十年，然後你才可以出家──當沙彌。你可以做沙彌大約八年，或許那時我會給你授比丘戒。當阿姜查威脅及戲弄他的時候，阿倫亞柏只靜靜坐在那兒。他還是忠心耿耿地侍候他。一天

下午我從邦外區的道場回來，阿倫亞柏正拿著阿姜查的痰盂去清洗，他剛把它拿回來，阿姜查便在裡面吐了一大口紅色的檳榔汁，把痰盂遞回給他，並嚴肅地說：「把它清乾淨。」當阿倫亞柏再回來的時候，他問說剛才那一幕有沒有讓他生氣。阿倫亞柏回答說還好啦，在英國時他曾在養老院工作為老人家擦屁股呢。

　　阿倫亞柏在一年之內成為比丘，可是阿姜查不斷強制他做事。如果他要求去國際森林道場，所有的外國人都在那兒，他會被拒絕，雖然阿姜查鼓勵其他所有的人去那兒。他被送到大城去度雨安居，他似乎已經突破了他的不安，願意隨阿姜查的安排而行。雨安居後他回到巴蓬寺，我當時跟其他幾位待在那兒。有一天我去阿姜查的茅篷，他也正好在那兒。阿姜查善意糾正他的時候，他裂開嘴羞怯地笑著。我坐下後，阿姜查說：「阿倫亞柏的口袋裡裝著狗屎。」我一句話都不吭，等待著進一步的說明。「阿倫亞柏的口袋裡裝著狗屎。他去了某個地方然後坐下，可是有一股臭味，因此他想著，嗯，這個地方不好。他站起來到另一個地方去……他不明白他自己帶著狗屎四處走……。」當他這麼數說人們的時候，他一點都沒有惡意，因為我們知道那出自於一顆清淨，慈悲的心；他在供養我們，在那當下，給我們的問題一個清楚簡單的解決之道，一個顯然他自己也如此修習的道法。他的話，他整個人，簡單說便是：放下——現在就放。

成為什麼就會製造問題
所以不要去成為什麼

　　現在，凡是修上座部佛法的人至少都聽過阿姜查的名字，一位
住在斯里蘭卡的英國籍比丘告訴我：「在這兒很多人不喜歡阿姜
查，因為他們說他不懂得佛法。」這是真的，阿姜查說好多年以前
他曾經研讀過所有的經論，很多他已不再能記得了。我最近聽他與
西方比丘閒談的一卷錄音帶。「開悟的第一級，」他說道：「入流⑪
──多少束縛（即煩惱）你祛除掉了呢？」有一個人說：「三個。」
「哦，三個……我見、疑、及……。」「還有對儀軌及形式的相信。」
某一個人補充道。這對於我和其他很多人是非常新鮮：一般人都執
著於文字及概念，但一位了知真相的人，卻會忘記了描述它的標準
模式。當阿姜查於一九七九年旅行美國時，我以我新得的大乘佛教
「知識」以及其深刻的教法熱切詢問他。我發現雖然他以前很少聽過
或讀過，可是他立刻明白，並且向我解說，因為他對它的理解比起
我的是無以比擬地深刻。他令我及其他人吃驚，因為他用了同樣的
譬喻，跟其他過去及現在的大師所用的完全相同，而這些人我肯定
他是從來沒有聽過的。

　　在泰國，不同的派別喜歡辯論這樣的問題，譬如說何謂止禪
（samatha，又譯奢摩他、定）⑫，何謂觀禪（vipassana，又譯毘婆奢
那、內觀）⑬；那裡會有一個結束，那裡會有另一個開始等。阿姜

查從不玩這種遊戲。他總是說你不能分開它們：當心定下來時，定帶來清晰：沒有鎮定和集中力，怎麼會有清晰與洞見？另外，洞見加深時帶來更進一步的定。他說，就像一塊木頭，一端是止禪，另一端是觀禪。當你拾起這個木頭，你會把兩端都拿起來。它又像一粒芒果，開始的時候它是酸的、綠的，可是後來它變成甜的、黃的──它們並非兩個不同的水果。沒有先前的條件，後者不會出現。以這個方式，他便解決了學者們及那些執著於各類體系之人的錯綜複雜的問題。

不過，他說的有些事可能不會馬上令那個人明白，要一直到過了幾個月或幾年之後才能明瞭，這也許是因為它是某個專門的術語，必須透過另一個人的解釋方才清楚，也許是因為在聽過他說這句話的一年以後，在某天經行時突然間發現，這些話指向某個內心世界的東西。有一次他正要出門幾天，他告訴我及其他住在那兒的外國人：「不要讓狗在寺院裡拉屎。」他問道：「你知道什麼是狗嗎？不要讓狗在寺院裡拉屎。」

一兩年之後我在跟一位長老比丘談話的時候，這句話不知怎地跑了出來。他問道，隆波這麼說的時候你明白他的意思嗎？我一臉不解，於是他解釋道有時候當他不在的時候，比丘們會輕忽他們的責任，他們會搞小團體並陷入爭執。所以現在隆波出門時，他會提醒人們不要讓狗在寺院裡拉屎。

另一次，有一位外國人從環遊了泰國及參訪了各地的寺院後回

來，他提到有一位比丘偷偷告訴他，在某一個確切的時候他成了入流之人、或證須陀洹果⑭。阿姜查說須陀洹是魚露。他看著我並問道，你要不要吃魚露？在那個時候我正吃素，對一個吃素的人來說泰國魚露的氣味令人倒胃口，一點不誇張地說。因此我回答說：「魚露很噁心。」不確定我們在談什麼。

　　好久以後，我向阿姜蘇美多提起這件事，並問道阿姜查的意思究竟是什麼？蘇美多說證初果這個念頭只是一個觀念，為了給人們一些趣味罷了，像魚露一樣。

　　又一次，在他一九七九年美國之行中，他提到有一次一位西方人到巴蓬寺問他是否是個阿羅漢⑮。阿姜查告訴他，你問了一個有待答覆的問題。我將這樣答覆你：我像森林裡的一棵樹。鳥兒來到這棵樹，坐在枝幹上吃果子。對鳥兒來說果子可能甜可能酸或是其他的滋味。可是這棵樹一無所知。鳥兒們說是甜的或他們說是酸的──從樹的角度來說這些不過是鳥語罷了。

　　同一天晚上我們也討論到阿羅漢與菩薩⑯的功德差別，在結束討論時，他說道：「不要做阿羅漢，不要做佛，什麼都不做。成為什麼就會製造問題，所以不要去成為什麼都不做。你不必非成為什麼不可，他不必非成為什麼不可，我不必非成為什麼不可……。」停了片刻之後，他接著：「有時當我思惟此事，我什麼都不想說。」

那些沒有意義的
便是眞正的佛法

　　正如密集式的修習突然開始，也突然結束，我們可以在最嚴酷的氣候時段裡放鬆一下。又一次我待在阿姜查身邊，我經常在他的茅篷做早上的工作，然後跟他出去托缽。一天早上，他停下來不走，轉過身，盯著我的眼睛。在清晨亮麗的陽光下，只有我們兩個人：當他這樣看著你使你無處可逃，驚慌立刻攫住了我。我所犯下的河沙罪過全部湧現心頭，我想這下完蛋了。之後，以非常清晰的英文，他說道：「早安，商木先生（**Mr. Dum**）⑰。」這完全出乎我的意外，我不知所措地站在那兒。「念得對嗎？」他問道：「我正在學英文。」

　　在幾次別的場合，當我們走路的時候，我們有不同的話題。我會特別記得這些話，是因爲他的語氣不同於平日所用的，他以較爲正式的方式稱呼我，用「你」而非我的名字。我想第一次是當他問到我是不是會還俗。我問說他指的是一輩子的承諾嗎？他給了一個肯定的低沉咕嚕聲。我說這事很難想通，雖然我沒有計劃要還俗，可是我不能眞正的決定我絕對不會。當我眞正要思惟它的時候，我的思想似乎沒有意義，不理性。他說：「那些沒有意義的，便是眞正的佛法。」

現在
你明白這些教導的價值了

　　在雨安居快到的時候，他便開始把西方人分派到分院去，為了讓他們去自立奮鬥，也為了讓他們學習說當地的話。有了去年的經驗，我實在不想再來一次，可是突然間我發現自己被冷落了。當我到他的茅篷時，他好像根本就沒有看到我，如果有給僧眾的冰或飲料，他會等到我離開才分出去。他搞得我心甘情願到別的地方去。幾年以後他重提此事，說到他是同情我的，可是他知道為了我自己的利益他必須故意折磨我。他會說，現在你明白這些教導的價值了，對嗎？是的。他常常開玩笑，對我及對大眾僧說：「我會擔心去美國，因為法拉般若可能因為我曾折磨他的緣故，而找我復仇。」

　　就在雨安居之前，一位新受戒的美國人出現了，他剛從和平工作團退出來，計劃在回家之前先出家幾個月。他想留在巴篷寺過雨安居，可是阿姜查拒絕。這決定完全跟這位比丘個人無關，而在於阿姜查要磨練初出家的人一段時間，可是這件事不能在雨安居中完成，他有時不喜歡那種心意不誠，只是馬馬虎虎出家的人。

　　因此這位比丘停留了幾天並準備要離開，內心有些失望。在他離開的前一晚，阿姜查到大殿來講開示。當課誦結束後，他跟一位來訪的在家人說了一個鐘頭的話。之後，他開始說法，他一直講，一直講，一直講。經過一兩個小時後，他很明顯是在玩弄我們。一

位新到的比丘夠傻的竟然提了一個問題，他給了一個非常冗長的答覆。接著，他問道，還有人有問題嗎？沒有一個人吭聲，我想，可能他現在會放我們走了，可是他說：「哦，可能你們還有疑惑，關於……。」於是便詳盡地做更多的說明。他似乎把整部藏經的每個內容都講到了。那個時候，這位和平工作團來的比丘，就坐在他的正前方，他正不安蠕動著，改變坐的姿勢，抱著弓起來的雙膝（萬萬不得做的事），忿怒瞪著阿姜查。終於，在早上一點十五分隆波看了一下鐘，然後若無其事地問說：「現在幾點了？我想該是散會的時間了。」

或許我應該提出來我們並非舒服地坐在椅子上，而是席地而坐，而巴蓬寺的地面不是水泥就是堅硬的花崗岩。我們不能伸腿，不能將膝弓在前面或用坐墊。如果你習慣坐在椅子上，試著坐二三個小時你就知道其中滋味如何：如果你習慣於坐在地板上，試著在硬的地板上坐四至五個小時，不用坐墊。

隔一天這位和平工作團來的比丘到我那兒抱怨：「他不應該這樣做，這麼浪費時間！這是極端自我折磨。」（佛陀的中道意指避免縱欲與自我折磨之極端。）那天下午阿姜查問我那位新來的比丘是否喜歡他昨晚的開示。我告訴他他所說的話。他大笑，然後說：「我看到了，我在觀察他，我知道他在生氣。現在他不會因為不能留下來而不高興了。」在他離開之前，我們短暫談了一會。我問他當他離開泰國之後要做什麼？他並不肯定。他說他真的對一件叫「水

門事件」的事情感到憤怒。我問說那是什麼事，於是他說明，可是我並不全懂。看來挺好笑的，某個過著修道生活的人會對這類的事感興趣，更別說對它們感到「憤怒」了。

可能是從他開始弘法以來
唯一的一次假期

　　最後我流亡的時間也到了；在雨安居開始的前二天我被送到一個分院的道場。正如去年發生的情形，我有跟上步調的困難。可是這一回沒有一個老比丘給任何勉勵性的指導。我記得它不外是個冗長的隱痛，沒有清晰性或鼓勵性，可是卻不至於痛到把我推到超過我的極限。我不帶勁地混著，心想著三個月之後我可以回到巴篷寺，之後事情就會好轉。

　　我們全部都集合在那兒舉行迦絺那衣的儀式，阿姜查皺著眉頭看著我，然後告訴我，我可以回到我的西伯利亞。那個地方適合你，他說道。可是一切都覺得很灰暗。我在迦絺那衣的典禮中沒有睡覺，一用完餐就去睡覺，因此錯過了我期待搭的便車，明知這幾乎是公開的違抗。

　　接下來的幾天我閃閃躲躲，儘可能迴避阿姜查，我的名聲達到最低點，而我的精神也好不到那。很多人進進出出，所以我多少可以消失在群眾中；可是當我真的跟人談話時，他們往往嚴厲批評

我。每件事都實在非常沒有希望。

一天下午我發現我的簽證快要過期了，我必須到位於寮國的邊界附近畢本區的移民局去。我前去見阿姜查。他看著我並質詢道：「然後做什麼？」可是我只回答說要去處理我的簽證。

有一位他的在家護法居士正好從城裡來到他那兒，因此隆波問他可不可以載我去畢本。後來，他說他也要去。他要去拜訪在那附近的一座大的森林道場，他通常可以在那兒享受些許獨住之樂。他交待人去通知另一位長老比丘，要他準備好行李，說著：「我們要去寮國。」我們很快就入了城，順路載了幾位居士並接了另一輛車。看來他只要突然間出現，人們就會把店面關起來，放下他們的家務，跟著他走。

他跟我到移民局，之後他前往大霸寺，那座大的森林道場，我則搭第一輛車回來。他從那兒去寮國，直到一個多月之後才回來。這是我在那兒的幾年中他唯一的假期，可能是從他開始弘法以來唯一的一次。

因為隆波不在，再加上很多比丘巡迴參加迦絺那衣的儀典，巴篷寺變得非常安靜。除了幾位住在附近村落的人之外，沒有居士來訪。我不跟別人打交道，盡力修行，對自己的存在仍然感覺很罪惡。每條狗總有它出頭的一天吧，甚至在阿姜查的道場也不能例外，我反叛地想著；可是我能做什麼呢？

整夜靜坐
是個重要的修習

在阿姜查回來前不久，我妹妹來探望我。我不知道她預期的究竟是什麼，可是我跟她說明她必須跟八戒女住，我會在可能的情況下來看她。開始的時候我每天都去探望，在下午時間。她不能碰我，甚至不能跟我坐得太近，而我總是有另一個人陪伴著。單單前往八戒女的住處就很不尋常，因為我們跟八戒女沒有任何交集。我告訴她要了解我的最好辦法就是跟八戒女一同居住、工作與禪修，觀察她身邊所發生的事。阿姜查回來之後，他減少了我拜訪的時間，雖然她能到他茅篷幾次。那年的天氣是四十年來最冷的，可是當她要求另外一條毯子的時候他拒絕了，說他不要她睡太多。在第二次請求之後，他才讓步。

她跟八戒女處得非常好，可是不久就生病了，剛開始是胃的毛病，接下來是急性的腎臟炎，她因此住了幾天醫院。可是那些八戒女、在家人，甚至阿姜查都前往探問，她對人們的熱情非常感動，覺得他們給她的關注很了不起。這便是所有西方比丘的朋友及家屬來訪時所受到的待遇。

之後巴蓬寺的生活與修行又回復到正常，阿姜查本人回來的時候也患了瘧疾。早上用完餐之後他會坐下來與來探望他的居士聊天，講他的笑話，聽他們談談他們的家庭、生意、到曼谷旅遊的

事。之後他會回到他的茅篷，那天剩下的時間就都待在樓上，躺在蚊帳下。他說燒得很厲害，可是當他坐在那兒接待客人的時候，沒有人可以猜得到他有任何不對勁。他跟與他一同前往的阿姜夕（Ajahn See）在之後的幾年裡都仍經歷瘧疾的復發。對他來說情況通常看不出來，他只會在我們圍坐一處時輕鬆提起。「覺得不舒服，發燒。」瘧疾嗎？（發燒與瘧疾在森林裡幾乎是同義詞）「嗯。」他會略略點頭。有一次我建議他必須去好好治療。「我在這兒做治療。」他說道，意思是他不想搞那檔子事。之後，不放過任何機會，他補充說：「我可不是一個西方比丘。我不必每次碰到不舒服的時候就跑醫院。」

等到他的瘧疾痊癒後，他真的整慘了我們。他給了很多長篇的開示，有時在他茅篷下的空地。那時是寒冷的冬天，在寺院裡不可能取暖（比丘不得為暖身而燃火）。當冬天來臨的時候，我起初都會在內心抵抗，只想逃開去取暖，可是之後我的精力醒過來，我便覺得挺好。可是今年的冬天比起往年都冷，令我緊張，給我一種整體上不安的感覺。然而當我正感到能夠應付的時候，他召集了一個會議並說每個人都要走出茅篷，在林中清出一片空地來，舖上墊子，並把蚊帳架好。

我被整個擊垮，這就是那致命的一招。在返回茅篷，渡自己最後一夜室內的日子時，我所能想的只是，我要找我的媽媽。

於是我找了一個沙彌去清了一塊空地，然後把自己安頓好。我

塞了很多葉子在那薄薄的草墊下以柔軟我的「床」。我們是不准用毯子的，只能用袈裟，可是我覺得這樣做太過份，所以晚上的時候我偷拿了一條毯子去。

　　在戶外的第一個晚上，我躺下來睡覺，然後開始想到蠍子與蜈蚣。牠們中任何一隻要爬到我身上是很簡單容易的事。牠們爬到你的袈裟或毯子裡面，然後你翻個身壓在牠們上面，之後牠們就螫你……。我坐起來用手電筒四處檢查了一番，再躺下身。那時我明白大多數的泰國比丘可能都在蚊帳下躺著，並因對鬼的恐懼而發抖著。嗯，看來這件事還是挺有意思的；把使你感到舒適與安全或熟悉的任何東西拿走，事情就開始浮現出來。

　　阿姜查也開始在齋戒日⑱到大殿來，他常常因為整天接見居士的緣故而過度疲倦，以至於晚上不能來大殿跟我們一起靜坐；或者他可能來講個開示，然後回到他的茅篷。他常常說整夜靜坐是個重要的修習，可是大多數的比丘在雨安居之外的時間，尤其是冬天裡，對這個修法都十分有彈性。有一天他帶著居士出席並領著唱誦，之後他開始放錄音帶，他以前的開示，或泰國南部的佛使比丘⑲的開示，甚至是蘇美多在我們去空軍基地的小禮拜堂時以英文所做的演說。當一卷錄音帶結束時，他會在機器那邊搞上好一會，然後放入另一卷帶子。他所坐的地方正好可以看到每一位比丘，所以沒有一個人敢走。他從來不說一句話，我期盼每卷帶子都是最後一卷──我那天到醫院去探望我妹妹，已經很累了，而且我反正根本不喜

歡整夜靜坐。可是當他盡興於自我尋樂時，我已經完全清醒並且決定整夜坐下去。

他一連三週都這麼做，或者放錄音帶或者自己開示，每一回我事先都想好，今晚對我會是個收工早的一夜，課誦結束我要回到茅篷，睡個好覺。可是真令我沮喪，他竟然出現了，把我們困在那兒直到我的睡意跑掉為止。可是那段時期過了之後，我也習慣於整夜靜坐，甚至還曾盼望它們的到來。它們創造了一個清澈的心態，次日往往覺得特別平靜。

他們點出自然的真理
凡有生者必然要老病死

一天有位八戒女掉到井裡死掉了，告別式就在除夕夜，我跟其他的僧眾曾到大殿為新年而課誦，就在咖啡要上來的時候，一位沙彌進來把西方的比丘帶到八戒女的大殿。阿姜查在那邊，所有的八戒女在那邊，我妹妹在那邊，屍體在那邊。那是一個嚴寒多風之夜，咖啡已經上過了，一個空茶壺就在我們旁邊。我的心都碎了。八戒女唱誦著，阿姜查講開示，我渴望地看著茶壺，然後我看著棺木，然後看著我妹妹，再看著棺木。我很冷而且不快樂，我幻想著那些我寧願做的事，然後再看著棺木。那個似乎就是結語。

過了午夜我們還坐在那邊，阿姜查並不常前去八戒女那兒開

示，可是我在那兒的幾次，他給的開示都非常好。而告別式總是一個喚起上妙佛法的場合。死亡不被隱藏或忽視，而演說者不扯入歌頌亡者高尚品格的華麗頌辭；而是點出自然的眞理，凡有生者必然要老病死，因此人不應該浪費寶貴的時間，而要正經專注地修行佛法。通常亡者在告別式之前會被放在大殿好幾天，而防腐技術通常也不是非常專業。告別式是一個沉思的時候，可能整夜靜坐或說法，在次日每個人都集合去參加火葬。我經常發現這樣的場合是個非常震撼的經驗，在我出家的生命裡逼迫你直視生命迅速流變的特質，依賴任何東西或懷抱著未來得到某個東西的美妙期待的無意義性。

在我妹妹要離開的時候，阿姜查說他要給全部的西方人一個開示，可是她最後一晚來的時候，全體的僧眾都集合來聽開示，可是一結束時他便起身到村子去，他的母親重病在床。我想這個特別開示恐怕被忘掉了，因爲在那種地方計劃根本不算一回事，可是他告訴我們要等他。我們坐在那兒聊天，有五六位再加上我妹妹。幸運的是我們親善的居士出現並帶來了即溶咖啡，因爲我們最後等到超過午夜。阿姜查終於回來，帶著朦朧的眼神，可是他在位子坐下後便開始講佛法。在某個時候我發現他突然變得完全清醒並且神采奕奕──當他的聽眾諦聽聞法時，這個現象就往往會發生。我們一直持續到凌晨時分。爲了體貼我的師父，我問說他是否不需要休息？他立刻反駁說：「你想去休息，是吧？」

最後他請求我妹妹包容所有她在巴蓬寺發現到的不妥當或不舒服之處，這點讓她印象非常深刻。

當她走了以後，我曉得自己即將經歷一個大的改變。我次日便去見他。好，你將來要做什麼？他逼迫地問著。我說我不知道。巴蓬寺顯然在那個時候不適合我。還是他決定吧。他說：「今年法拉般若並不快樂，對不對？」我坦白承認。他接著說：「你想要教你的妹妹，你想要教你的父母；你卻不想教你自己……。」他繼續著，最後說道，去跟阿姜西努安（Ajahn Sinuan）學吧。

原註：

❶ 鈴為長老比丘洗足，特別是在托缽之後為長老比丘洗足，是巴蓬寺及其分院的年輕比丘慣常應作的修行之一。

❷《寧靜的森林水池》（*Still Forest Pool*）：傑克・康菲爾德（Jack Kornfield）與保羅・布里特編譯，探索出版社（Quest Books）出版，1985，伊利諾州惠頓市（Wheaton, IL）。

譯註

① 薩惹哈（Saraha）：印度的成就者，也是印度史上最重要的思想家之一。生於婆羅門種姓中，係印度最初宏揚大乘密教者，是龍樹的上師。

② 具足戒（upasampada）：指比丘與比丘尼戒。「具足」是舊譯，新譯作「近圓」，「近」是鄰近，「圓」是圓寂（涅槃），「近圓」意指能清淨受持比丘、

比丘尼戒，便已鄰近涅槃了，因每條戒都可以長養定慧、解脫生死。沙彌或沙彌尼要年滿二十歲才可受具足戒，成為比丘或比丘尼。在《巴利律》中，比丘有二百二十七條戒，比丘尼有三百一十一條戒。

③ 布薩日（uposatha）：大約每兩個星期在新月與滿月之日舉行，比丘與比丘尼在該日懺悔罪過並誦戒。在這幾天與半月日，在家眾常會前來寺院，受持八關齋戒一日一夜，聆聽開示，並徹夜練習坐禪與行禪。

④ 波羅提木叉（Patimokkha）：有兩種意義，一是指「戒法」，是諸善法的初基，能成就一切定、慧功德。二是「別別解脫」，受持各別的學處，能解脫各別的煩惱與苦果。「說波羅提木叉」（布薩）即是半月半月誦出一條條的學處，分別解說。此儀軌即是為從僧伽的和合清淨中，達成「正法久住」的理想。

⑤ 業（karma）：意指「造作」，是由身、語、意所造作的行為、所作、行動、作用、意志等身心活動。若與因果關係結合，則指由過去行為延續下來所形成的力量。

⑥ 阿姜（ajahn）是泰國人對住持或老師的稱呼，巴利語為acarya，音譯作「阿闍黎」，即指老師。

⑦ 糞掃衣（pansakula）：即「塵堆衣」。「糞掃」意指置於道路、墓塚、垃圾堆等塵土之上的，或指被視如塵土可厭的狀態。「糞掃衣支」是十三頭陀支其中一支，比丘受持此一頭陀支，可捨棄對多餘之衣的貪著，而能少欲知足。

⑧ 亨利‧米勒（Henry Miller, 1891-1980）：美國作家。

⑨ 白衣（泰文pah kow）：準備出家的持八戒者，通常和比丘們同住在一起，除了自己的禪修之外，也幫他們處理一些戒律禁止比丘做的事，例如，清理毛刷，或在人煙罕至的地區攜帶隔夜食物等。

⑩ 八戒：即八關齋戒，是佛陀為使在家信眾有機會學習出家生活，藉以長養出世善根，而特別開設的方便法門。共有八條戒律：（一）不殺生；（二）不偷

盜；（三）不淫；（四）不妄語；（五）不飲酒；（六）不著華鬘、不香油塗身；不歌舞倡伎，不故往觀聽；（七）不坐臥高廣大床；（八）不非時食。

⑪ 入流：又稱須陀洹（sotapanna），是指斷除身見、疑、戒禁取三種煩惱，而進入聖者之流者，是聖者的最初階段者。成為此聖者之後，就永不再墮入地獄、餓鬼、畜生、至多生於欲界七次，其後必定得正覺而般涅槃。

⑫ 止禪（samatha）：音譯為「奢摩他」，是將心專注於特定的對象，止息一切妄念、煩惱，達心一境性的狀態。

⑬ 觀禪（vipassana）：音譯為「毘婆奢那」，又譯「內觀」，直譯為「特殊的觀看」，意思是「從各種不同的方面照見」。「觀」是直接照見一切現象都是無常、苦、無我的，從而獲得覺悟。

⑭ 參見譯註⑪。

⑮ 阿羅漢（arhat）：意譯為「遠離煩惱者」、「殺諸煩惱賊者」。上座部佛教中，究竟的證悟果位。是聖者的最高果位，於入流後，部份地斷除欲界貪、瞋、痴煩惱；再斷除瞋患、欲貪二種煩惱，完全斷除了欲界的煩惱；再斷除色貪、無色貪、慢、掉舉、無明等五種色界與無色界的煩惱，獲得最終解脫，而成為堪受世間大供養的聖者。

⑯ 菩薩（bodhisattva）：即菩提薩埵，意譯為「覺有情」，發誓為利眾生願成佛者。在上座部教法中，「菩薩」特指佛陀修行以圓滿佛道的前世。

⑰ 商木先生（Mr. Dum）：此音接近泰語的「黑色」，在語言學習書中常有黑先生、白小姐等詞。

⑱ 齋戒日（Wun Pra）：依月曆訂的齋戒日，在上下弦日、滿月及初一。

⑲ 佛使比丘（Buddhadasa, 1906-1993）：當代泰國有名的法師。他除了是一位佛教傳統和經典的大學者之外，也博學許多知識領域。他用泰文及英文寫了很多關於禪定、比較宗教學和在日常生活應用佛法的書。

第三章 | 阿姜西努安和沼澤寺

我們往往將自己的父母視爲最關切我們的人，

而他們的確也是如此。

可是上師卻比你的父母更爲慈悲，

因爲與其幫助你在這個世界上站起來，

他使你認識到自己在過去所積累的惡業和煩惱，

他會在修行之道上爲你指引，

從而使你從輪迴中得以解脫。

阿姜西努安雖然年輕，卻是阿姜查資深弟子中的一位。他的寺院是巴蓬寺第四個分院，距巴蓬寺僅僅二十五公里。因為他很少出門，所以我很少見到他。阿姜查說我應該去那兒——沼澤寺，然後這樣告訴他：「隆波送我來這兒。我想來看看，如果這個地方適合我，我便留下來過今年的雨安居。」我必須做求教誡的儀軌以表達自己的謙順。

我的言辭
比真實感覺更要勇敢一些

就這樣我開始清理我的茅篷，並準備離開巴蓬寺。心中不免有一種即將要跳入一個不可知的世界的感覺，而且如果情勢不好，再也不能做回到巴蓬寺或阿姜查身邊的打算。晚上我向大眾僧告別，隔天早上吃過飯後我便收拾好朝著大門走去。幾位坐在茅篷下的比丘看到我，其中一位叫了出來：「你要去那裡，法拉般若？」「沼澤寺。」我答道。「車呢？」「我用走的。」這倒使他們吃驚不少。我想我的言辭比我的真實感覺更要勇敢一些。

我沿路走了二點四公里，之後便轉向沼澤村，離開附近的瓦林鎮。沒多久就有一輛來來回回載短程乘客的小貨車停了下來，要載我一程，正如阿姜查預先所說過的那樣。

車開了大約十五公里後，我們停在一個「卡車休息站」，幾位婦

女在路邊販賣。有一個人買給我一瓶沾滿灰塵並已被曬暖的百事可樂，爲此我眞是太感謝了。然後我們繼續前行，我在沼澤村下車並尋問寺院的所在。有人爲我指了路，我又走了兩公里的「路」。通向巴篷寺的是一條泥路，而這條卻更像拓寬了的牛道，一路盡是坑洞與高低不平的起伏。我後來知道他們每年都將坑洞塡起來，可是在豪雨期仍是無法行車。

　　不久我見到一條小徑拐進樹林，像是寺院的所在地。我走進去，隨即就看到幾間茅篷，後面的大殿不過是一座架在水泥柱上高大的鐵皮屋頂而已，四周並沒有牆壁，泥土的地面（一位西洋的比丘曾說那像個飛機棚），其中又有一個巨大而顏色非常鮮艷的祭壇，和一尊飾物太多的佛像。

　　「法拉般若，你來這裡做什麼？」是沙廷（Satien），我第一個雨安居時在德特縣碰到過的一位沙彌。看到一個熟面孔讓我心情略感安定，儘管他才不過十五歲。我告訴他隆波要我來這兒，他說阿姜俄內克把他送到這兒，因爲他已經有些發癢想還俗了——在那種情況下通常最可能做的，便是把他們送到不同的道場去，讓他們遠離故鄉，他們會再待上幾個月才還俗。

　　他帶我去見阿姜西努安，他和藹可親地接待我，問了幾個問題之後說，晚課後我們可以再談一談。接著我被帶去一間竹子做的小茅篷，屋頂是草搭的。

　　除了阿姜西努安與我之外還有兩位比丘及四位沙彌。課誦之後

我向他求教誡並與他談了一會兒。他非常親切，有著溫和及天真的態度，那晚的談話我記得的大部份是天文學——從我的來處說起，一下就跳到距離、地理、地球的形狀（圓形）以及太陽系及其他有關的話題。他們在聽到這一類的事情時，總是很入迷。

世俗的生活確實可以有快樂
不過那是不穩定很無常的快樂

早課與晚課的時間本來是訂好的，可是他說因為天氣非常冷而且風很大，我們在清晨時可以坐在自己的茅篷，只要早上五點黎明前課誦時到達就好。這樣的安排我覺得相當合理。他又說在齋戒日的前一日與後一日沒有課誦。這也是我時常想到的，偶爾能有個「假日」多好啊，可是總是發現別人與我想法不同——如果他們真的有什麼想法，肯定是埋在心頭而不流露出來——現在終於碰到這麼一位能夠跨出一般模式的人。隨著日子的消逝，我又有機會欣賞到阿姜西努安富有創造性的修行方式，以及在處理時務中通情達理的能力。

在早課結束時他會說：「把席子舖好，做好你的工作。」於是我們會把席子展開，舖在泥土地上讓居士坐，並且讓食物放在阿姜的座位之前。之後就是例行的托缽與用餐。

我曾聽說過沼澤寺的「名菜」：蠶寶寶、昆蟲、青蛙。可是其

實並沒有那麼差，尤其跟巴篷寺的其他分院比較的話。實際上，青蛙還挺美味的。通常也有夠多的咖哩與青菜可以配飯。

於是我開始跟上了沼澤寺的步調，在下午的時候，我們提水，然後我會到阿姜西努安的茅篷去做雜務。我們有很多很好的交談。他認爲西洋的僧眾比當地的還認眞修行，他也似乎眞心尊重我們。

有一天他問了那個慣常的問題，你要還俗嗎？我告訴他出家以來我一直沒輕鬆過，最近我在想是否還要繼續下去。他說所有的出家人都經過懷疑的階段，而且出家的生活是不容易。他說，世俗的生活確實可以有快樂，不過那是一種不穩定、很無常的快樂。每件事都永遠在變化之中，他這樣提醒我。一天你吃你的飯，直到吃撐了，一見到食物就討厭；可是第二天早上你回來坐下，還沒等張口，口水就又流出來了。這種簡單的話深深烙入我的心中。

當眞有這些不可愛的東西 在她體內？

他有好多他早期與阿姜查在一起的故事可以說，那時候他是年輕的比丘之一，非常熱心與天眞。他原先在一個村莊的寺院出家，有一天他看到阿姜查與一群比丘走過。他們自我約束以及禪修的威儀看了令人歡喜。他打聽出他們從什麼地方來，於是便前往巴篷寺去見阿姜查。

　　阿姜查非常不友善的接見了他：「你來這兒做什麼？」西努安回答說他想要住在那兒，想成爲一位禪修的比丘。「爲什麼？禪修比丘是懶惰一無是處之人，你曉得吧。」西努安說：「他們怎麼可能是懶惰的？這個寺院看來整理得很乾淨，當我進來時我看到地面掃得非常乾淨……。」阿姜查回答說：「地板是自動打掃的。」

　　可是西努安被允許留下來。晚上搖鈴時，他把所有的袈裟都穿上走出來，但不曉得要發生什麼事。聽到大殿傳出課誦的聲音，他就進去坐下。比丘們在背誦身體的各個部位，修習不淨觀①的禪修法。他很吃驚。他想起那位住在村莊他所愛上的女孩；可能當眞是這樣的嗎？她當眞有這些不可愛的東西在她體內嗎？他的心下沉了。

　　當他還在困惑中的時候，唱誦結束了。他等候著，可是接下來什麼事也沒發生，每個人只是坐在那邊一動不動。奇怪……。

　　他住了好幾年，據他自己說是極度認眞，可是後來聽到阿姜查在取笑他極端的思想與行爲。他會把蜈蚣抓起來讓牠咬他，用以觀察痛的感受，吃那些跟他身體不合的飲食，以能「讓別人知道」他不怕生病。阿姜查喜歡說這個故事，他的茅篷頂上的草如何被暴風雨吹走，所以西努安決定以不換屋頂的方式來修習「不執著」。每一回下雨他就淋得一身濕，而且茅篷恐怕也因此壞了，可是阿姜查懷疑，西努安是不是眞的會變得更有智慧或對它更不執著。

把修行放在第一
父母親最後終會回頭

　　幾個星期之後，我與阿姜西努安爲了萬佛節② 一同回到巴篷寺參加，這是佛教的主要節慶之一。通常在這樣的節慶中，阿姜查的弟子會集合於一處。那一年這些慶典在金剛光明寺舉行，我還是有了一段有趣的時光。我們在萬佛節的前一晚抵達，當全體僧眾在隆波的茅篷集合的時候，有一件大事需要處理：一位西洋比丘明知故犯，破一條重戒。阿姜查聽到這件事，他所說的只是：「還俗去吧；我不要這種事發生，還俗去吧。」那位比丘回到他的茅篷，準備當晚走回曼谷。

　　可是當僧眾解散之後，另一位西洋僧眾來找阿姜查，並表示他對這位比丘的擔心，他覺得他看來過度煩亂，可能不適於這樣獨行而去。阿姜查細細聽過，便叫我們把他找回來。他回來並試著解釋困擾他的是什麼事，最終拿出一封他寫給自己父親的一封很有情緒的信。如同很多出家人所經歷過的，他的家人對他並不諒解。他的母親寄給他令人心痛的信，他的父親更是拒絕與他通信。這樣的事非常普遍，在任何一個例子裡，如果這位僧眾留在巴篷寺的話，把他的修行放在第一，父母親最後終會回頭；在他們回頭之前往往要經過一段很長的沉默後，還有很多責備的信，最後，妥協的信才會到來：我們以你爲傲，我們想來看你，我們明年會來，或任何時間

你若想回來看看，我們很願意付你的機票費。（阿姜蘇美多說當他第一次收到那樣的信時，他的父親加了一條：「註——拜託千萬不要裸體回來！」因此他想可能他的父親對出家生活仍然有一些殘留的懷疑。）一無例外地，這總是那些能夠堅持，不為情感壓倒的人的結局。

這位比丘的結局也不例外，不過時候尚未到來。他一直都非常獨立，偶爾會拒絕順從阿姜查的心意，他似乎因此在很多方面嘗到種種苦果。現在他敘述著他如何在這麼多年裡與他的父親溝通，可是沒有任何效用。他含著眼淚，以含混不清的泰語試著告訴阿姜查，他寫給父親最後的那封信之內容，結語是：「我是你的兒子，你是我的父親嗎？」

阿姜查看來同情他所經歷的這一切，於是告訴他留下來住一陣子。他最終還是要到另外一個寺院去做苦役一段時間，以懺除他犯戒的過失，可是阿姜查要他先留下來，將心安靜下來，慢慢來。在他做比丘的過去兩年中，他一直非常認真地修行，外相上維持一個非常嚴謹的持戒態度。現在全線崩潰下來，本來埋在心裡的東西開始浮現出來。隆波要他放鬆一點；如我聽到他及阿姜蘇美多說過無數次，只是去托缽，吃你的飯，清掃落葉等，不要著急，不要憂愁。

我意外地從這位比丘的不幸中得到了好處，有好幾個月我曾被阿姜查打入冷宮，在同一期間聽到這位比丘被人讚譽為精進與忍辱

的楷範。突然間他卻來取代了我在冷宮的位置，甚至開始聽到來自我師父的讚譽，說我能夠堅持不懈，而不走極端。萬佛節結束那晚，阿姜查從金剛光明寺回來，在他的茅篷裡與幾位比丘在談話。他們議論到這位比丘，阿姜查模仿他，揉擦著他的眼睛並哭泣著：「他是我的父親，我是他兒子……。」他笑出聲並搖搖頭。對他來說，這種心理的悲劇不過是一種不值一提的困惑。這給我留下很深的印象，可以說這是一個他是如何看穿了西洋人極易持有的自我為重的態度，而這又如何不必要地美化並加強了痛苦。

單單以比丘身份繼續跟阿姜查一起住就足夠成為一項課題

時逢有兩位西方居士在那裡，他們已經住了幾天，在飲食上有所不適。他們跟阿姜查提到這件事。他們說若為了防止下午飢餓而吃了過多的糯米，他們就會感到很沉重而且不舒服。而如果他們吃少一點的量，到了晚上就會感到飢餓，餓得讓他們想念著食物，使他們在靜坐中分心等。他們建議在下午吃一點水果以保持平衡，同時也幫助他們靜坐。阿姜查靜聽著蘇美多為他所做的全部翻譯，之後他說：「當你們來這兒去跟蘇美多修行，你應該要知道他怎麼生活。他一天吃一餐，有時候到了晚上也會餓。你們最好體驗這個經驗，然後你會了解他的修行。譬如說，有時候蘇美多坐著禪修（做

觀身的修行③）：『頭髮……體毛……指甲……牙齒……皮膚……咖啡……。』」

當天晚上我與蘇美多有一場熱烈的談話，我的精神振奮了起來，我向他宣稱：「如果我能熬過今年的熱季，那麼沒有任何事物可以阻擋我了。」阻擋你什麼呢？讓我不能堅持下去吧，我猜想。對我們好幾位來說，單單能夠以比丘的身份繼續跟阿姜查一起住這件事，就足夠成為一項課題了。

第二天早上我向他辭行，他正在跟幾位居士談話，我向他頂禮並跪在那兒不坐下，希望他能傳出一個只需要他片刻時間的訊息。他轉過身來看著我，我請求得到離開的允許。他只說：「不要回來哦！」露出一個可愛溫暖的微笑。我說道：「直到第六個月，滿月時。」意思是說直到三個月後的衛塞節④慶典。

建議善巧的方法
來提高覺知力

回到沼澤寺才開始這漫長的日子，當然在那兒的生活並非舒適，可是我喜歡阿姜西努安，而且我也覺得自己可能應付得來，比起我所待過的其他分院，我感到這兒好多了。

我的修行變得相當規律，主要是因為沒有分心的事。沒有一位居士曾開車進來四處看或是來拜訪阿姜西努安，食物幾乎總是一成

不變，我沒有朋友可以泡在一起打發時間，而且阿姜西努安不會在晚課後留下我們聽長篇的開示，不像阿姜查經常做的那樣。

　　現在當我回想那些日子，我容易憶起那些興奮、幽默或困難等特別精彩的部份，可是事實上在日常生活中不斷有緊迫與挑戰。在那時候每一天似乎都非常重要，沒有時間被浪費掉。工作、吃飯、井邊沐浴、試著保持覺知，這全是身為比丘的分內工作之一，我確實感覺自己一直在工作上。

　　恐怕也是在那個時候，我明白自己可能真的可以做到五年，我甚至開始想，才剩下三十一個月就到了第五個夏安居的結束。

　　寺院裡的事情相當平靜，我們只有六到八個人（在五十英畝的土地上），冬天加長一個月，炎熱來臨時也不太嚴重，阿姜西努安似乎是一個相當好的老師，他給我們指點，並給居士們開示。他在齋戒日對那一小群來寺過夜的居士所做的某些深奧的開示，有時我真正感到訝異。他常常會建議善巧的方法來提高覺知力，並提供應牢記的要點，那些似乎都來自於他自己的經驗。

　　有一次我問他關於在家人的修行，他告訴我他們來的唯一目的是想得到彩券的號碼。他們會整晚留在寺裡好能從開示中搜集到一些號碼；他們都堅信禪修的比丘有能力看到中獎的號碼，比丘會以含蓄的方式把號碼說出來。如果這位阿姜談到四聖諦⑤及八正道⑥，他們就會得出四十八，或把數字相加而得到十二，或把它們相乘……。西努安咬定每位來到寺院的居士都是如此。

　　我並不覺得情況有那麼糟糕，不過確實也有人真的是專為號碼而來，正如後來我在邦外區我們外國人自己的道場裡所看到的。有許多常客以虔誠的心來到寺院，可是也相信我們確實有號碼可以給他們。當阿姜蘇美多在邦外區當住持時，在他對在家人的開示中，以清楚明確的話語提到這種習俗的愚昧與不實，有時對那些專為號碼而來並且窮追不捨令人討厭的人非常嚴厲地予以呵斥。當我於一九八二年回訪的時候，一天我從城裡搭了一輛計程車到寺院裡去，這位司機提到阿姜蘇美多（他在好幾年前就去了英國）。他說出他對阿姜蘇美多的讚賞，我同意他的看法。「他給的號碼真是靈，」他說道：「每一次都準。」我回應說阿姜蘇美多從來沒給過彩券號碼，可是他很肯定這件事：「哦，一定有啦，他高坐在那兒，他說法的時候就給出了號碼……。」我明白我根本無法使他修正此念。

　　阿姜查本人似乎倒不太被這個現象困惱，可是他很失望見到泰國人對佛法興趣的普遍低落。他常說他感覺像一隻猴子，被繩子栓住，人們前來看他，戳他讓他四處跳動：「當我疲勞的時候，他們可能會丟一根香蕉給我。」尤其在他去美國與英國旅行之後，他談到佛法在泰國滅亡了；他觀察到在西方的情形不是這樣。

他相信複雜的計劃沒有必要
只需要一般常識即可

　　我與阿姜西努安相處得滿好，可是我還是摸到他的一些怪癖。我想其中有一部份是源於他出身的文化傳統。在沼澤村地區的人，屬於一個特殊的族群，叫做索依（Soey）族，常被人看做原始部落。阿姜查會詭異地問我：「當你到那兒的村落去的時候，他們乾淨嗎？」或「沼澤村的人看起來和善嗎？」阿姜西努安曾經提到蘇美多以前告訴過他，在美國有機器會賣百事可樂給你，而且當你去店裡買東西時，會有機器自動算帳。他對於百事可樂的機器還會找零錢非常感興趣。「機器怎麼會知道呢？」他這麼問。

　　他也有一個固執的性格，後來還因之而有過幾次激烈的討論。他有一種特別的思惟方式讓很多人都感到受不了。我們通常會在下午的時候打掃地面約二到三小時，至於晚間的點心他會派一位沙彌到茅篷分每個人兩顆小棒棒糖，不知怎地他總是有貨。原來是他派一位居士到鎮上買的，同時買糖、可可粉及茶。可是他不很願意讓我們喝甜飲，因爲：「一旦你用了這些東西，那麼你就沒有了。」這對我來說當然是件大事，可是他的想法也延伸到更重要的事物上。

　　後來我還會聽到他以前蓋的很多間茅篷怎麼都倒塌了。他相信複雜的計劃與方法是沒有必要的；你只需要一般常識即可。要埋柱

子的時候，他們不必放在水泥中，可以直接埋在土裡，所以他蓋的茅篷倒塌了，他造的水塔爆破了。被質問時，他就擺出戒臘長的姿態。有一位比丘告訴我當他剛來沼澤寺時，阿姜西努安已先到那兒，為了要建設這座寺院，在清除森林時，西努安把大樹砍掉並留下些小的。比丘問道：「阿姜，把大樹留下來遮陽會不會好一點？」西努安的回答是：「不要跟阿姜爭吵。」這位比丘說他們過了好幾個非常不舒服的熱季，沒有一點遮蔭。之後，當他們在蓋茅廁時，西努安堅持要蓋在大殿的上風處，這位比丘指出其錯誤；又一次：「不要跟阿姜爭吵。」所以茅廁便蓋在大殿的上風處，因此：「那些在家人都跑光了。」

那模樣對每個人來說
都很好笑

跟很多比丘一樣，西努安也對他的胃很執著。他說他曾患過潰瘍，因此，他不喜歡整夜靜坐，否則他的潰瘍會發作，致使他不能執行住持的任務。他說阿姜查批評他這一點。他覺得這位老人家不喜歡他，他說：「我不知道隆波到底要我做什麼，隆波說過：『如果西努安痛苦，我就快樂；當西努安被苦折磨，我便舉起雙手並「合掌」（表示恭敬或認同的姿勢）。』」

在某趟回到巴蓬寺的時候，阿姜查若無其事問道：「法拉般

若！在沼澤寺的時候你們有整夜的靜坐嗎？」我回答說我試著坐，可能只昏沉一兩個小時。「那麼阿姜西努安整夜靜坐嗎？」通常不會，沒有。「你見過他整夜靜坐嗎？」沒有，我沒見過。我給了他西努安的解釋，無疑的這些話他以前就聽說過了。之後他說：「當你回去沼澤寺的時候，我要你帶個口信給西努安。告訴他，隆波說他從現在開始應該整夜地靜坐……就算他會死掉。」

　　當我回到青蛙池，正如所料，西努安最後問道隆波有沒有傳送給他任何訊息。我們正走向村子去托缽。他不喜歡所聽到的，他真的就開始發作了。「我皈依佛，法，僧：我皈依佛 ❶……我並沒有說皈依隆波……。隆波又做什麼呢？他整夜靜坐嗎……？」聽到這些話我很反感（雖然這可能也是隆波技巧的另一個特性，他知道在確切的地方出擊），尤其是在跟我們同行的沙彌面前這樣說。長久以來大家都曉得，阿姜查是所有住在巴篷寺分院的人之老師，他永遠都是以最恭敬的態度被人論及。

　　回到寺院裡我很不安，用過餐討論就又開始了。我開始攻擊，我說我們應該努力遵從師父的指導，而不應在別人面前講他的壞話。西努安的二號比丘出來辯護，提醒我他的健康狀況，之後他說，如果你有這種感覺的話，為什麼你不參加下午的勞動？大多數的下午都有粗重的勞動，在雨安居時尤其如此，雖然那段時間應該是用來專修禪修的，有的阿姜往往寧願讓短期出家的比丘們忙於作務。西努安特准我不必工作而去做我的禪修，特別是因為我不像那

些農村來的男孩那麼強壯。我們辯論著這個論題，這位比丘說他要親眼看看我是不是體弱到不能搬磚的程度。

就這樣他們為我裝滿了一個手推車，我把上衣脫掉，便開始做起來。我試著把手推車推上坡去，可是只推了一段路。我試了幾次於是放棄，冒了一身的汗。那模樣對每個人來說都很好笑，唯獨我不覺得。

雨安居結束當我回到巴蓬寺，隆波問我有沒有把他的話帶給西努安。我把整個事件敘述給他聽，他大笑了起來：「法拉般若批評他的師父。」之後他說：「好吧，新的指示。下次你回到沼澤寺的時候告訴阿姜西努安，從現在開始他應該放輕鬆……每天吃兩餐……多多休息。他是個老人了（當時他三十五歲）；他現在一定是快七十了，是不是？」

對我來說
這是一個練習放下的機會

我們又有幾次衝突，我的行為舉止會令大部份的泰國人義憤填膺，可是西努安卻能保持幽默及鎮靜。當雨安居快到的時候，他收了很多當地的男孩來短期出家，大多數在沙彌的年紀。他們狂野無羈。讓我深為不安的是我一天要聽開示與念經多達二至三次。西努安會坐在那兒講他的水牛笑話（譬如「生而為人是一個難得的機會

——如果你叫一頭水牛盤起腿來禪坐，它為把屎拉得一身都是。」），自己還相當得意，而我坐在那兒氣得冒煙並咒他生惡瘡。我知道對我來說這本是一個練習放下的機會，可是我對自己說，我不甘心讓他有幫了我一把的滿足感。

集體活動之後，他們會走回自己的茅篷，打開課誦本，開始高聲喊叫。我想這可能是他們唯一可以打發時間的方法，可是它很令人分神。西努安與我討論這件事好幾次，他偶爾提醒他們輕聲唱誦以免打擾那些正在靜坐的人，可是一點效果也沒有。

因此有一天在早晨靜坐時我進入大殿時故意高聲唱誦。沒有人露出為之所擾的樣子。我坐到自己的位子上。我們依例把早課做完，我心中嘀咕著自己是否做得過份了。用完餐西努安說到要體諒別人的話：「你們今天早上聽到這位外國人了嗎？」——他以鼻音模仿我，笑著說：「他要告訴你們當你們在茅篷練習唱誦的時候請輕聲一點。」

一天早上在整夜靜坐之後我在茅篷躺下來休息，正當我要入睡時，這些沙彌開始在井邊遊玩戲笑，那口井正好位於茅篷附近。我從地面上跳起來，睡意陡然消失。之後的幾個小時我一直努力入睡，卻不能成功。下午工作結束後我又試了一次，然後我以麻木了的腿在寺裡踱步試圖使自己平靜下來。我洗了澡，走回茅篷，盤起腿開始靜坐。我剛靜下來，井邊又傳來喊叫聲。這一下我的心碎了。我想，我只能躺在這兒直到天黑，那時就沒有人會到井邊來，

到時我才可靜坐吧。我按計劃進行，當我再度靜下來的時候，某一個人開始唱誦，大聲唱。我受不了了。我的腳仍然盤著，我扯開嗓門以英文大叫：「安靜！」

唱誦聲停下來，某一位在附近的人招呼那位唱誦的僧人：「喂，我想可能你應輕聲唱誦。」

一分鐘後幾位比丘及沙彌來到我的茅篷，阿姜桑（Ajahn Som），第二號比丘，憂慮地問我出了什麼事。我嘀咕說，我再也受不了了，我無法跟他們競賽，我受不了了。之後西努安也來，我試著說明我的挫折感。他似乎相當理解，又笑著說：「我還以為是什麼人割了你的脖子呢。」離開的時候，他說道：「下一次你應該先跟我說。」

法拉般若與父親，攝於一九七四年巴蓬寺。

攝影者芭芭拉‧布里特

被森林道場中
寂靜有序的氣氛懾住

我的父母在那次的雨安居期間來探訪，我到巴蓬寺去見他們。像所有來到這兒的父母一樣，透過所見所聞，他們安下了心，並對阿姜查與蘇美多印象深刻。我一直覺得，巴蓬

寺的生活品質對這些人來說，必然非常真
實。確實，甚至住在泰國城市的人，當他
們第一次來訪的時候，經常立刻就被森林
道場中寂靜有序的氣氛懾住。蘇美多能夠
以他們懂得的方式說明修行是什麼，而且
阿姜查的魅力也迷得他們忘掉了憂愁。
「他有某種特質。」我母親不得不承認。

法拉般若法師比丘，阿姜西努
安及幾位沙彌與法拉般若的父
親合影於沼澤寺。

　　可是，在他們來了一個星期之後，我
開始擔心他們可能還沒有真的理解到他們
應該理解的那麼多。一天晚上我去找阿姜
查並告訴他我的擔心。他說：「你已經在
這兒三年；你了解一切嗎？」我必須承認
我並沒有。慢慢來，他說，不必擔心這
個。他轉身對在場的一位居士說：「他在
擔心他的父母……。而我的母親卻躺在那邊的棺材盒子裡。」他笑
了出來（他年邁的母親最後終於斷了氣，她的屍體停放在大殿等待
著一個盛大的告別式）。

　　我的父母去了沼澤寺兩次，在第二次的時候，我父親留下過了
一夜。我們跟阿姜西努安有個既友好又有意義的談話。清晨父親跟
我們走到村子去並與我們共享這一餐。當我問他喜不喜歡這兒的食
物時，他說：「青蛙很好吃，可是竹筍辣了一點。」

原註

❶ 皈依佛（Buddham Saranam Gacchami）：傳統巴利文表示對佛法僧三寶的恭敬之文，其意為：「我以佛陀為皈投依靠之處」等。

譯註

① 不淨觀：是「身念處」的禪修法，藉由思惟身體各器官與組織，或觀想一具腐壞的屍體來修持。思惟身體各器官，是將身體分成三十二部份作為禪修的主題，例如頭髮、體毛、指甲、牙齒、皮膚等。修持時以厭惡作意正念於身體各部份的不淨，是止業處；若以地、水、火、風四界觀照，是觀業處。修習此法，能去除對五蘊的執著而獲得解脫。觀想腐壞的屍體，是觀察死屍腐爛的十種不同階段，例如腫脹、青淤、膿爛、斷壞、食殘、散亂、斬斫離散、血塗、蟲聚、骸骨等十相，此修習法即是對治對身體的貪欲。

② 萬佛節〈Magha Puja〉：二月二十一日，紀念一千二百五十名弟子聆聽釋迦牟尼佛的講道。

③ 此指不淨觀的修持，請參見譯註① 。

④ 衛塞節〈Visakha Puja〉：即佛誕節，又稱浴佛節，五月二十一日，紀念釋迦牟尼佛的誕生、成長、涅槃。

⑤ 四聖諦：佛陀初轉法輪所傳之法：苦聖諦、苦集聖諦、苦滅聖諦、以及導致苦滅之道聖諦。

⑥ 八正道：又稱「八聖道支」，是成就聖果的正道，也是能入於涅槃的唯一法門，有八種不可缺少的要素：正見、正思惟、正語、正業、正命、正精進、正念、正定。其中正語、正業、正命屬於戒學；正精進、正念、正定屬於定學；正見、正思惟屬於慧學。

第四章　阿姜炯和崩扣朗寺

佛陀出現在過去；

倘若現在沒有上師作為你的善知識及嚮導的話，

你不會真實地依隨佛陀的教導而行；

你不會有這樣的動力，

你不會知道如何正確修行。

由於這個緣故，

上師對你比佛陀對你還要慈悲。

（一九八六年，五月）

時間是一九七四年，我仍然在青蛙池跟著阿姜西努安（他現在已經還俗）。這一年阿姜查將他的生日設定為年度的會議，那一天僧眾會集合並向他「致敬」❶，而不再是在雨安居期間分組而來，並且在這一天還要有個僧伽會議。我五月的時候來到巴篷寺，模糊記得阿姜查曾說過要在衛塞節的時候訓練外國僧人，雖然當我到達的時候他已經出門，而沒有其他人知道這檔子事；無論如何，它是一個「放假」的藉口。我去看了那位在烏汶醫院讓人很畏懼的牙醫，之後我決定在那兒等候到慶生會，然後我便可以跟阿姜西努安一塊兒回沼澤寺。

坐得直挺挺
沒有一點緊張或鬆散

在僧伽會議之後，隆波問有沒有人有任何事情想提出來討論。可以想見的，沒有一個人吭聲——直到西努安開口為止。他提出僧眾們尤其是長老的阿姜們，在聽開示及整夜靜坐時打瞌睡，那是一件很丟臉的事。這是他特別厭惡的，我以前常常聽他詳細論述此事，並聽到他誇口說沒有人見過他打瞌睡（雖然也沒有人見過他試著整夜靜坐就是了）。阿姜查認同這一點，可是對它沒有多說什麼。

在過去的幾年裡，我們這些傲慢的外國人曾多次提起這樣的論

議，像靜坐時姿勢太差，以及為什麼人們不接受更多的靜坐訓練。隆波當時的答覆是：「好好坐著有什麼難的？做就是了！」因為他自己坐得直挺挺而沒有一點緊張或鬆散。之後他又說：「你們見過比丘在捧著缽用餐的當下打瞌睡嗎？沒有吧，他們像這樣……」說著他就模仿一個人坐得像杆子那麼直，一副興致高昂高度清醒的模樣，「人必須吃飯。」他和善地說，因為有許多泰國僧人對於近日發生外國人的輕率言行正氣得冒煙（我是後來才發現的）。

接著（在僧伽會議上）隆波提出幾件事。他說道，禮拜，簡直每況愈下。「西努安根本不拜了。」他以不客氣的寮國語說道，並做了個模仿動作，稍微低下頭並擺動一下手，如城市的小姐慣常的作法。

幾天後回到沼澤寺，一天下午我在西努安的茅篷，他說道：「我真的告訴他們了，對吧？」即那件阿姜打瞌睡的事。我回答說：「隆波真的告訴你了，對吧？」即那件禮拜的事。他變得非常忿怒，換上一副「只有我是對的，沒人有資格說什麼」的語調，你外相所做的不重要，重要的是你的心等。我說假如是的話，那麼我就可以這樣坐──我向後倚在一支手肘上，把兩雙腳伸出來朝向他。還好當場沒有其他的人看到這一幕，若是別的泰國阿姜一定嚇得連袈裟都穿不住了，可是西努安（另一位猶太的比丘與我共同決定，他在過去世一定是我們的岳母）連眼皮眨都不眨。不過到後來，我們的關係緊張到要破裂時，他曾提出這件事，並說任何人都會因此把我踢

出寺院的。

不論外在還是內在
事情有了個新的立足點

　　日子繼續過下去，當情況變得明顯，即我將面臨另一個充滿勞動與律藏研讀的雨安居時，我幾次威脅要離開，甚至有一次還把行李都打包好，茅篷也清掃乾淨。可是西努安很耐心很慈悲，甚至最後允許我在這些團體活動時留在我的茅篷裡修行。

　　正如先前提過的，有一大群短期出家的人，尤其是沙彌。他們是非常野的孩子，西努安並不太管束他們，甚至有時還鼓勵他們，譬如跟狗玩耍（當我們吃飯的時候餵牠們、用紙板與有色的塑膠紙做太陽眼鏡）。有一天我直接向他提到某個男孩。我問道，你怎麼可以讓他在寺院裡瘋狂亂跑呢？他反駁說要給我這個機會去訓練這個男孩。因此我們便試著做。結果納榮（Narong）曾經是一位村裡的不良少年，可是我喜歡他，同時感到他需要被關心。他會爲我煮水，我會給他一點教導及雜事去做。看來效果不錯，於是我非常興奮地想著新教育之烏托邦美景。後來，我們有一次意見不合，他便不再聽從我。我帶他去見西努安，我說出我的不滿。西努安問納榮，這時他已經在哭了，他願不願意繼續跟著我。答案是不要，西努安說：「你瞧，不是那麼簡單的。」那是一次很好的教訓，別的阿姜

可不會那麼有創意地教導。

　　可是到了雨安居的尾聲我真的受夠了，我覺得需要尋求一些嚴格的訓練與團體修習，也許跟隨阿姜炯（Ajahn Jun），隆波第二大弟子。雨安居後兩天我們來到巴蓬寺參加迦絺納衣的典禮。沼澤寺不做迦絺納衣的儀軌，因此我向阿姜西努安告別。我早已走出了阿姜查的冷宮，同時我還沈浸在那件壯舉的餘韻中──我於父母來訪的那個雨安居中背誦了波羅提木叉戒，此舉令隆波及大眾甚為訝異，我竟然終於把某一樣事情做好了。因此隆波接待我如同其他人一樣，我可以感覺不論是外在還是內在，事情有了個新的立足點。看來那似乎是個轉捩點。

　　一天下午，單獨與阿姜查在他的茅篷，隆波問我是不是要還俗。那是一次少有的談話，他以嚴肅而且直接的方式與我說話，因此印象在腦海裡特別深刻。我問他是否在問，我是不是盡此一生都要做比丘？他說，是的，這就是我的意思。我告訴他我不能使我的心同意於這一觀點，可是我又補充道，我已有了信心要堅持下去。他認可這一點地說：「比以前好多了，對吧？」

　　「你要還俗嗎？」是一個常見的問題，一個他當然很認真看待的事，可是有一次在興奮下我告訴他我想不僅盡此一生要出家，甚至要在未來的十生都出家，他只說：「喔，十輩子的苦哦？」

唯一可以做的事
就是繼續練下去

　　雨安居之後寺院通常比較輕鬆，可是我不特別感到自己可以放鬆。在掙扎著應付現前這一層面之外，我可以更清楚看到，刻不容緩生死大事以及無窮無盡輪迴的可怕。有一個東西在鞭策著我，使我不至於過份放逸，我想這使得我無法放鬆，不能領會佛法、戒律和阿姜查微妙的那一面。但是訓練的歷程看來也必須是這樣發展的，經歷過了極端，直到那個人找到中道為止。隆波以小孩學寫字來譬喻，寫出來的字全都扭曲潦草，而唯一可以做的事就是繼續練下去。

　　十二月初我們到巴可拉寺（Wat Bah Klor）參加供僧① 大會的儀軌，巴可拉寺是座落於德烏丹縣的新寺院。大約有一百人擠在那間窄小的大殿裡，當隆波回到巴篷寺後，我與幾位比丘多留了數天。有些居士會在早上來，只有五六位會在齋戒日過夜。這現象讓我明白無論阿姜查走到那裡，人們就成群出現。

　　到了年底又是辦理簽證的時間，我於是回到巴篷寺。清出一塊空地作為誦戒堂（小禮拜堂）的工程已經動工了。在泰國大部份的寺院都熱衷於蓋一間誦戒堂，不管他們有沒有需要，這些誦戒堂看來都蓋得一個樣子。隆波已經拒絕他在家弟子的請求好一段時間了，不過現在他決定要蓋，而且他自己看來也挺投入的；有些外國

僧人甚至開始問：「你覺得隆波有沒有『蓋誦戒堂的煩惱』❷？」誦戒堂的設計似乎只有他才清楚，不過最後的結果卻是非常的莊嚴，跟我在泰國所見的任何東西都不同（除了在曼谷的一些銀行，或許吧）。那個時候，他早已成為一位說戒師，有一個誦戒堂可使巴篷寺更為完整，因為傳比丘戒可以在那兒舉行。

這顆心像一隻猴子
總是到處跑，從來不滿足

這期間出現的西方人之一是蓋瑞，從加州來的一位居士。我想隆波對他非常感興趣，換句話說，他特別不放過他，因此為後人留下了許多很好的故事。

蓋瑞是個心理治療師，大約超過三十五歲了。他讀過一些禪宗的東西，最近曾到過日本，並不清楚接下來他要做什麼。大約住了一陣子他就必須離開，因為簽證快要過期了，他告訴我他隔天就要離開的時候，我們正好晚課結束在大殿的外面。當我正朝我的茅篷走去時，我突然有個直覺便問他，為什麼你不去向阿姜查告假呢？所以我陪著他一塊到阿姜查的茅篷。我告訴隆波「蓋瑞要離開了，他來向您頂禮。」阿姜查立刻注意著他。他問說他的職業是什麼。心理學家的泰語是「心的科學家」。「心的科學家因為心而死，」阿姜查說。停了片刻。「拳擊手因為拳擊而死……，蛇的醫生因為蛇

而死⋯⋯，心的科學家因為心而死⋯⋯。懂嗎？」

我翻譯到這兒，他接著又說：「你可以看到這顆活動的心，它是你嗎？它是你的嗎？」「我不知道它是不是我或我的，不過它確實是失去了控制。」蓋瑞這樣作答。

隆波說，問題就在這裡。他繼續著，這顆心像一隻猴子，總是到處跑，從來不滿足。「它跑到樓上，之後它厭煩了，因此它又衝到樓下，可是它又對那兒厭煩起來。它吃差的食物，後來對它厭煩了，然後你給它好的食物，可是又對它厭煩了。所以它去看電影，可是⋯⋯。」他說明著，在佛教的修行裡，我們停止飼養這隻猴子。反過來我們飼養心的寧靜。我們停止餵猴子，讓牠累倒而死。「這叫做『一隻死猴子』。這隻死猴子腐敗了，那時牠就叫做『一隻猴子的骨頭』。」

隆波真是一語中的，這便是那種讓你感到這整間茅篷充滿了光明的場合，我看得出蓋瑞很感激這篇對他而做的開示。我們告辭，當我向他道晚安的時候，他說：「我想我辦完簽證延簽之事後會回到這裡來。」當然，我是聽過這種話的，可是他當真又回來，最後還出家並住了將近三年。

蓋瑞很出名的故事之一，是隆波對心碎的人的開示。蓋瑞在故鄉有個女朋友，所以想著有一天他會回去並跟她結婚——他出家的動機並非長期的。後來就收到了分手信，她嫁給了別人。當時我並不在場，可是別人說蓋瑞非常難過。有一天某個人跟隆波提起這件

事，以他不留情的慈悲，他建議蓋瑞寫封信給這女的，要她寄一小罐子給他，裡面裝著她的糞便。以後每次想念她的時候，他就打開罐子，聞一聞。

他喜歡跟年長的比丘共住
問他們老的感覺是什麼

當我把簽證的事情料理完畢以後，我想要離開巴篷寺到一個比較寂靜的地方，可是卻不曉得去那裡好。在那個時候，隆波表示他不允許在任何分院住一個以上的外國人。阿姜炯的寺院，崩扣朗寺，是我想去的地方，可是那兒已經有了一位外國人。一天晚上我去茅篷找隆波，他正在跟幾位比丘談話。巴可拉寺需要一位比丘，他看看我，問我願不願意去。我在那邊的時候是喜歡那個地方，可是並沒想過要再回去住。我說我願意去，可是正在打算到另一個地方去做一把新傘② 以吊蚊帳。他從他的座下拉出一把並說，你可以用這一支。我問道，什麼時候去。明天用完餐。事情就這樣定了。

我跟一位寮國籍的老比丘一塊坐了一輛車去，隆波叫這位比丘波桑納（Por Siang Noy，「父親小聲點」，即尖嗓門）。他很矮，有一團的精力，而且很有趣（雖然我不覺得他是故意的）。到了寺院的時候我們見到另一位老比丘，波布恩（Por Boon），一位從那空般那（Nakorn Panom）來的法宗派③ 比丘，似乎與波桑納正好相反：高瘦

而尊嚴。他所有的行為都非常謹慎與專注，沒有一滴的精力浪費掉。過了一陣子以後我開始想，如果在泰國有阿羅漢的話，那必定是波布恩了。與之相反，波桑納既顯眼又聲大，渾身散發著精力。我坐在他們中間。他們似乎是絕配。我們處得挺好。只有幾個居士來，食物也充足，我們並沒有太多的工作或集體共修。我有種成為比丘以來從未有過的知足感，有那麼一天早上，甚至還感到喜悅！這是由好幾個因素造成的，不過有兩位年長的紳士在旁這一點是非常特別的。

　　阿姜查說當他是年輕比丘時，他喜歡跟年長的比丘們共住，問他們老的感覺、或接近死亡的感覺是什麼。現在我發現自己正享受著這兩個人的平靜，他們那兒也不去，我總是對他們的精力感到神奇──他們托缽的時候走較長的路線，而我走較短的路線；當葉子開始掉落，他們會在下午很早的時候出去，並清掃個好幾小時。熱季才剛顯露，我便開始拖拖拉拉。這些老人是我四周的響鈴，一天晚上在晚課前，波桑納跟我在喝加糖的茶。波布恩不喝，正如他經常的作法。「如果我喝了，只會令我感到熱。」他說。我說它也讓我感覺熱，可是至少它給了我一點能量。

　　「老人與年輕人真的不同，」他說道：「老人昨天有疼痛及疲累感，今天有同樣的感覺，知道明天的感覺也是一樣。他看到家，知道路的盡頭近了，所以事情並不重要。可是對年輕人而言，他們仍然在乎。」這話對我有很深的啟示，幫助我了解，為什麼那麼多我

曾共住的年長比丘能夠非常努力的修行。

　　波布恩是一位長老，可是他不想爲齋戒日而前來共修的那些許
人開示，而波桑納有時候則不請自說。有一次他簡短地談到禪坐：
「這顆心很快；煩惱只是稍爲慢一點……。你想知道煩惱是什麼嗎？
我來爲你們說明。有一個人曾經到一位阿姜那兒想學習如何禪修，
這位阿姜說：『坐著不要動，然後反覆唸著「佛陀」④ 給自己聽。』
過了一陣子，這位阿姜問道：『好了，當你坐在那兒試著專注於
「佛陀」時你的心在想什麼？』這個人回答說：『我一直想著手電筒
的燈泡。』那就是了，那就是煩惱：手電筒的燈泡。」

寧願死也不要還俗
寧願還俗也不要在修道上鬆懈

　　在二月底（一九七五年）我們都回到巴篷寺去參加萬佛節以及
阿姜查母親的告別式。隆波爲了這個活動特地收了很多短期出家
衆，其中有些是長期護法，有些人保持著出家的身份更長一段時
間。有連續兩夜的開示，第二天晚上當隆波從後門出來時，我正在
大殿外面經行。時間已經晚了，人群也漸漸散去，他獨自一個人，
所以我走上前陪他回茅篷。在他離開大殿之際，他說：「『無常、
苦、無我』❸ ——我已經聽夠了。」看到導師自己也不把這些辭條
看得那麼嚴重，很令人感到鼓舞。

　　這些儀軌一結束，我就請求允許前往崩扣朗寺。我抵達的時候正是一個非常熱、非常乾燥的季節開始，我也正好趕上另一場告別式。一位年輕的比丘，布恩拉特（Boonrawt），感染到瘧疾，病菌跑到他的腦部而導致死亡。他的屍體放在大殿。阿姜炯的口頭禪之一總是：寧願死也不要還俗；寧願還俗也不要在修道上鬆懈。所以現在他說：「你瞧，布恩拉特做到了，他身著袈裟而死。」一個立志要達到的目標，就是那樣。

　　我抵達幾天後的一個晚上，阿姜田（Ajahn Tieng）出現了，他是阿姜查最大的弟子，是巴篷寺第一個分院的住持，爲阿姜炯的好友。我很高興看到他，因爲他帶來許多隨從的居士，居士們則帶來了一桶冰咖啡。我向他頂禮致意，灌了幾杯下肚，便入坐準備晚課。

　　我們誦經之後，阿姜田讓八戒女誦《初轉法輪經》及其譯本，和其他一些常誦的經。接著他拿起設在那兒的麥克風，在他寬大的坐墊上向後一靠，便開始講話。一個非常有鼓勵性的告別開示。聽開示並不是我喜愛的消遣，可是當他們談論死亡的時候，我總覺得應該把我個人的好惡放在一邊，那是一個我應該注意聽的東西。兩個鐘頭之後他停了下來，因此我回到自己的茅篷又做了些瑜伽，可是我很快又聽到擴音器裡傳來他的聲音。我猜他只是停下來喘口氣，兩個小時之後，他把麥克風遞給阿姜炯，他講了三個小時。

　　那時天亮了，於是我們接著去托缽。又是比丘生活中的另一個

工作日。中午時分，正當我放鬆了下來，有一個人來，把我拉出茅篷，於是我便站在艷陽下唱誦著，其他人則將屍體點火燃燒。之後，下午的勞動，沐浴，休息片刻，在誦戒堂集合。阿姜田仍在那兒。「法拉般若，整夜不睡嗎？」是的，我回答道。「不，」他說：「我說的是今天晚上。」哦，我還沒想到呢，在絕望中我怯怯地說道。

　　他已經出發而且起跑了：「如果你今晚不睡，你可以明天晚上睡。如果你明天晚上不睡，你可以後天晚上睡……。」他吩咐人把八戒女請來，他們念著例行的課誦，他開始另一個開示。大約早上兩點鐘，我放棄了，回去睡了一覺。

明白自己
正走在一條眞實的道上

　　雖然阿姜炯並不給人許多開示和訓練，寺院裡每天例行的事還是朝氣蓬勃。早上大約三點鐘搖鈴，如其他分院一樣，每個人在三點十分前便坐在大殿。我必須儘快動作，根本沒有時間去想，否則崩扣朗寺出名的蚊子就追上我了。我會半跑到大殿免得成爲最後一位進入大殿的人，或至少不要在大家到達後太久才趕到。每一件事，包括吃飯，都是在迅速中完成。沒有太多話，每個人盡他們的力讓修行持續著，偶爾阿姜炯會給我們一個開示，通常以泰國東北

佬的姿態訶斥人。有一次他說，你們這伙人應該去跟隆波住，我太隨和，他才是眞的凶。那眞是有趣；大多數的比丘似乎都畏懼阿姜炯，而大多數的外國人都感覺隆波像個和藹的祖父。

有一天晚上正好是齋戒日，我們在課誦畢開始要靜坐時，阿姜炯說，先把靜坐的姿勢坐好，下定決心要坐到黎明時分，中間不起坐。於是我們坐在那兒的時候，他就開始數落我們，幾乎每一件事，吃飯、睡覺、日常作息都被點到了。自然地，我感到自己被責備了，除了當他提到抽煙的事情之外。兩個小時之後，他搖鈴，表示我們可以起身。「你騙人！」我暗想，雖然我很高興我們不必繼續一動不動坐著。可是我把他的開示聽進去了，至少我當時是這麼認爲的，所以在剩餘的整夜靜坐時間裡，感到愧疚與不安（可能是抓蛇尾巴的經典實例）。

由於他說了那麼多關於貪吃的事，我決定不再像以前那樣，老愛在整夜靜坐之後把自己塡飽。我幾乎什麼都沒吃，是第一個吃完飯的人（在那個寺院這可是不簡單的技術），當我看到阿姜炯一吃完，我便從座位上跳起來去洗缽。「怎麼回事？」他說道：「你吃太少了。」這話讓我感到有些愚蠢，也讓我重新思考前一天晚上開示的要意。後來，當我在國際森林道場跟阿姜蘇美多共住的時候，以自己的語言及語彙再聽到同樣的教誡，我開始對這一切有了新的觀點，這一幕在我的記憶中特別突顯。

我住了幾星期以後，兩位高中同學來看我，他們也正好趕上一

個告別式，這次是一位村裡的婦人。這兩位的其中一位是我從三歲起就認識的。他的個性及當時的生活形式跟我的出家生活簡直就是個明顯的對比。這對比使我更明確地看清事實，在寺院裡面你常常感到你只是緩慢地跟著，耗著時間。你可能對小的問題或自己的缺點非常放不下，於是陷入一種感覺，好像沒有多少變化，所以恐怕這一切是毫無指望的。這時你看到外面的人如何生活，他們這麼混亂，要尋求快樂，可是由於他們的無知，卻只找到痛苦。你再回頭看看自己，明白你正走在一條眞實的道上，看到自己已經完成了多少。這便是那樣的例子。

　　除此之外，我可以看出來我的朋友需要幫助，因此我建議他住一段時間。這個邀請眞的把他嚇壞了。對於我在那兒修行的情形，他先前在心中樹立了一個美妙的圖案，同時想著他能來這邊並得到一些立即的傳法，爲他打開天堂之門。當他看到我們的實際生活，並非那麼浪漫。我建議他停到簽證所給的兩個月，後來是一個月，然後是兩星期，一星期，幾天……。阿姜炯非常慈悲，願意使他的生活儘量舒適，可惜我同學喬伊視此爲死刑，於是兩天之後他就走了。

負擔的壓力逐漸變輕
平靜與知足在不知不覺中增長

　　我感到我在拉住自己，跟上寺院裡的步調，這件事本身感覺就是一項了不起的成就。阿姜田一天下午突然到來，當我前去頂禮致敬時，他問我是不是「舒服地」住在那兒。我想了一想，回答說是的，接著他說，那就夠好了，你應該對它感到滿意。它似乎是個合理的態度。當艱難的時刻來臨時，人會希望有戲劇性的突破，可是事實是，負擔的壓力逐漸變輕，平靜與知足在不知不覺中增長了。

　　阿姜田也提到阿姜蘇美多及幾位外國僧人已經住到一個靠近鐵路的地方，離巴篷寺不遠，他們要在那邊蓋個道場。

　　在五月初我病了，發燒一直不退，我試著撐下去，可是偶爾還是在早上修習時遲了些。有一天阿姜炯在那兒，他領著唱誦，我們誦著《護經》（*Paritta*）的經文，其中包括七覺支⑤（為治癒疾病）。在唱誦之間他常會講點開示，這一次他說：「有位沙彌患有胃的毛病，祝願他好起來。有位比丘發燒他會多睡一點，祝願他不要好起來。」真令人欣慰。

　　我的幾位親戚計劃在月底到巴篷寺探望我，所以我到那兒去見他們。當我先去見隆波時，他問到我的情形，我提到自己病了一陣子的事，可是他似乎不太擔心。幾天以後我終於到城裡去看醫生，

讓我大吃一驚的是我竟得了瘧疾。我以前到過陸軍醫院，那兒的主治醫師是隆波的長期護法，當驗血報告回來時他親自查證結果，所以我對這項診斷的正確度是肯定的（他說那位在顯微鏡下工作的傢伙是個醉鬼，他的手會抖，所以你永遠不知道他讀出來的結果是對還是不對）。

　　這件事讓我感到吃驚，同時也有一點擔心，我記得阿姜蘇美多說過，他以前一直認為瘧疾是個可怕的東西。我看過好幾位比丘得瘧疾，有些人病得很厲害，我認識的兩個人死於瘧疾。所以當我回到寺院裡並到隆波的茅篷報到，我並沒有等到他招呼我──他正跟幾位居士說話──我脫口而出：「隆波，他們說我得了瘧疾。」從幾百哩以外，他無所謂地說：「他們說他們的。」或類似這樣的話。

　　我開始服用「他們」給我的藥，可是似乎沒有什麼效，過了兩三天情況變得更糟。連吃跟睡都很困難，使得我沒有什麼事做，只是不安又無力地躺在茅篷裡。我想，在寺院裡面生病最令我害怕的不是病的本身，而是那漫長無所事事的日子，沒有其他的東西引開注意力，沒有精力去做任何正式的禪坐。現在它發生了。

　　一天，中午剛過，因為無法平靜地療養，我向外走到齋堂去，那兒有一位加拿大籍的比丘正在幫一些即將受比丘戒的外國沙彌縫製袈裟，也有其他的人聚集在那兒。馬上就有人從大殿門口叫我的名字──我的親戚到了。帶著恍惚與飄然，我去見到了他們。我伯父伸出手，可是我沒有握它，只是看著它懸在那兒──我與任何人握手

甚至看到任何人握手，都是好久以前的事了，他的出其不意令我吃了一驚。然後我才招呼說道：「你哪兒來的那些頭髮？」從我認識他以來，他的頭就已經禿了，可是現在他正得意地戴著一頂假髮。

彼此寒暄畢，我決定帶他們到國際森林道場去見阿姜蘇美多，讓他來挑起說話的角色；同時，我還沒去過那兒所以想去看看。他們都很好奇而且有不少好的問題。看到阿姜蘇美多跟他們談話很令人振奮，他能夠以他們懂得的語言解說事物，而卻沒有縮減其訊息。也在那段時間裡，他第一次談到，有一天要到西方去，這事他以前從來不表示興趣。在國際森林道場裡我感到一種充滿信心，很正面的氣氛，於是決定到那兒去過今年的雨安居。

可是我還得花兩天的時間招呼我的親戚，同時跟瘧疾奮鬥。一天晚上我躺在茅篷裡，無法入睡，我的精神有些錯亂。我剛讀過《巫士唐望的世界》（*Journey to Ixtlan*）一書，森林似乎充滿著趣味，有神秘的能量與威脅之強勢。然後我想，這真是很奇怪：我服用他們為我開的藥，而我卻變得更嚴重……瘧疾可不好惹……那位在崩扣朗寺的比丘就是死於此病，而他比我還壯……可能我也會死於此病……可能我今晚就會死掉。

想到這兒，我已經被恐懼嚇壞了，最後我努力抓回自己。我明白這全是我自己創造的，所以試著保持覺知，以「獅子臥」的姿勢躺著，我開始把念頭調出來，觀察其中的連鎖反應，一遍又一遍，直到我看得非常清楚，而且能從它那兒退後，冷靜思惟。我達到了

一個平等心⑥ 的地步，在那兒，所有由於思惟死亡所引來的恐懼都沒有了，我想到，若我的死期當眞到臨的話，可能我已準備好了。之後，這個念頭：「哦！好吧，我現在就可以死了，可是我的父母會難過。」以及我有機會觀察到的各式各樣的力量，把我拉回到這個世界、生活和輪迴⑦ 之中。

疾病發生時
就成了修行的一部份

那個晚上很有趣，可是隔一天我又回到「拖死屍」的身體現實。跟其它所有的事物一樣，我的平等心逝去了。我到烏汶的大眾瘧疾診所拿了新的藥。然後我鼓起與自憐交織的勇氣去見了隆波。我請他原諒我的打擾，可是我的情況眞的很糟，我想是不是應該有些安眠的東西好讓我能夠睡眠。他立刻舉起手並說，你若吃那種東西，你就弄壞了你的腦袋。當睡覺的時間到了，你可以睡的，他寬慰著我。

然後他說：「我知道你在生病，不要擔心，你不會死的……。你怕死嗎？」我說我想過了；我以前從來沒得過瘧疾，其症狀有些嚇人等。

他笑了出來，然後說：「這是一個重新思考的機會。」

我詳細敘述這件事，是因爲居住在熱帶地區使得人碰到很多不

同的疾病，就像其它的事情那樣，當疾病發生時，它就成了修行的一部份。大多數留下一陣子的西方僧眾，都經歷過一個或二個嚴重的病，我想多數人都視之爲有價值的經歷。由於我們來自於舒適無菌的背景，這些疾病對我們慣常的思惟方式，是非常可怕的。現成可靠的醫療照顧並沒有延伸到那塊森林的狹長地段，阿姜查一直不斷指出我們如何執著自己的身體。忍耐是他訓練的一課，他有一次對在他茅篷的幾位泰國比丘說：「你們覺得不舒服，就去看醫生，醫生說你們營養不良。對的；然後你可以怎麼做呢？」

當他寬慰我說我不會死以後，他說：「我患了三年的瘧疾。」我聽過這個故事，早期，在巴篷寺的每一個人都得過瘧疾，而且根本沒有辦法治療。現在被現實撞上了。思惟著自己再熬三天都很困難，別說是三年了……？

他改變他的語調，改變他的話題，非常喜悅地問候我的親戚及他們拜訪的情形。我告訴他我堂妹的故事，即親戚的女兒，在紐約市遭搶劫並遭射擊。當她正在等待救援的時候，她用以前學過的靜坐方法緩慢她生理的活動，恐怕是這個關係救了她的命。隆波對這件事很感興趣，就像他慣常的作法，他找到它的把手，拾起它，並用它來敲我一頓：「你知道？你的堂妹幾乎要死了，可是她還可以禪觀。而法拉般若發了一點小小的燒，就懊惱得很，不能修行了……。」

最後他確實說我可以請廚房在早上爲我準備些粥。醫藥終於發

揮效用了，燒退下來了。可是我很虛弱必須要放鬆一陣子。我想我一直有個鬆散的名聲，可是現在我甚至無力支撐門面佯裝我可以維持正常的作息。幾年來我靠著這個作息安排，強制了某種秩序並使我的心不至於變得太混亂；可是如今我必須退後冷靜思惟，找些其他的事情以打發自己。如我之前說過的，這種念頭一直是個令人怖畏的不可知，可是在這節骨眼，我發現自己能以前所未有的方式放鬆心情。是在那種時機，我能回頭看並看到已產生的變化，而且我第一次對「五年計劃」感到有全面的概念。我可以看到那是一個實際的時段，用來訓練這顆心並整理一個人的觀點與習慣（到這時為止我已出家了四年半，即將進入做比丘以來第四個雨安居。）隆波過去經常提到正見與戒，亦即道德規範，乃是修行的基礎，我可以看到自己習慣的思考及行為模式有了改變，我產生對戒真正的感念，那是我及大多數西方人在我們的教養中有所欠缺的成份。

既是諧星
又是一位和藹的祖父

　　漫長的隧道盡頭現出光明，我也開始恢復出家以後很快失去的體重與體力，到雨安居結束時，我成為驚奇與取笑的對象，因為我變得很胖。感覺起來，那個沉重令我掙扎多年的業力擔子終於解決了。

　　當我體力恢復後，我開始花更多的時間與隆波在一起，有時候我們托缽回來，在我正低著頭想超過他時，他會把我叫住，所以我只好應一聲「是的」便跟在他後頭走。一個令人難忘的早上，他順著寺院的圍牆經行，從後門走到大門。他問我的事情之一，是跟阿姜炯生活是怎樣的情形。我說我喜歡他並且恭敬他為一個老師，可是後來我厭倦了那些關於「苦行」（字面上的意思為「折磨」）的嚴苛開示。隆波問道：「阿姜炯可曾嚴重地折磨你嗎？」沒有，他沒有，我回答，第一次明白了這個事實。「那不過是他教學的方法罷了。」隆波說。

　　之後他向我問到阿姜西努安。我說當我剛剛去跟他住的時候，我對他的印象挺好的，可是時間長了以後，我開始贊同跟他住的另一位比丘的看法，他有點懶而且喜歡玩。

　　「就像我一樣，」隆波說：「我真的喜歡遊蕩鬼混……我有好多煩惱。」不用說，這話令我不知所措。然後，他停下來不走，轉過身看著我，以他獨特無法模仿的對時間的掌控，然後說：「聽好，法拉般若，我要還俗了，我要你幫我找個好女孩。」

　　這個人既是諧星又是一位和藹但又可以變得很嚴厲的祖父。一天下午我跟一位英國籍的比丘在他的茅篷，這位英國比丘正在發表他對於長老比丘老是談到「苦行」的厭煩。隆波靜靜傾聽讓他把話說完。「當我們在家的時候，我們追著對每件事情的欲望跑，這帶給我們快樂了嗎？若沒有忍耐與堅毅，我們能有怎樣的修行呢？有

時候我很生氣，想要打你們，可是我必須克制我自己……。」我以前從來沒有聽過他這樣子說話。

　　另一個晚上有幾位泰國沙彌到他那兒抱怨他們被分發去到的分院住持──事實上對泰國人來說這樣做是很大膽的（社會在變的徵兆嗎？）。他們的住持喜怒無常而且專制，如果鈴沒有按時間搖他就生氣，他們必須得到他的允許才能去做乃至很小的事。他們把事情講得很糟糕。坐在黑暗中，我想我可以感覺隆波以同情的心傾聽著，內心擔憂著他的某個分院沒有被好好管理。然而，他卻嚴厲責備他們，以嘲笑的聲調重複他們的不滿。當然鈴要準時搖；要求人們把他們的執事做好有什麼錯？一個道場的住持為要寺院裡的每一件事負責。根據律藏，比丘必須得到允許才能去托缽，才能去讀波羅提木叉等。隆波根本不接受他們的抱怨，他支持他的住持。他叫那些沙彌回去，告訴他們再也不准以任何抱怨來煩擾他。

原註

❶ 致敬（tam wat）：一個正式向長老或老師表示敬意的儀式，習俗上在雨安居之前或之中舉行。

❷ 煩惱：精神上的煩惱。這個字在西方僧眾間日常閒話時，用來表示欲望，譬如「糖的煩惱」、「睡眠的煩惱」、「袈裟的煩惱」等。

❸ 無常，苦，無我：是存在的三個特性，此主題最常在喪禮的開示中被提及。

譯註

① 供僧（Pah Bah）：類似迦絺那衣的儀軌，可是沒有那麼正式，可以在一年當中任何時間舉行。

② 即傘帳，具備蚊帳的大傘，是泰國頭陀比丘待在森林中時，提供禪修與庇護之用。

③ 泰國兩大教派為「法宗派」（Dhammayut）與「大宗派」（Mahanikaya）。「法宗派」是由泰國國王孟庫（Mongkut）於1830年所創立（孟庫出家二十七年，於1851年還俗出任國王），意指奉行「法」的宗派，重視學識與戒律，教團以曼谷為中心。「大宗派」並非單一教派，它是指非「法宗派」的比丘，他們較重視傳統、禪修與佛教常規及習俗，分布於泰國各地，歷史較久，人數較多，包括阿姜查在內的大多數比丘皆屬於此派。

④ 佛陀（Buddho）：Buddho是用來方便持念的咒語，是由Buddha（佛陀）轉化而來，在泰國通常被拿來當作一個禪修對象，藉由念誦「佛陀、佛陀」（Buddho, Buddho）來修習。

⑤ 七覺支（Bojjhango）：是指七種覺悟的因素，或是指領會四聖諦的特定知識，也是聖者所具有的特質。這七種因素是念、擇法、精進、喜、輕安、定與捨。當這些覺支充分發展時，便能引領行者到達涅槃。

⑥ 平等心：即捨心，指對一切所緣保持中立的態度，心在於平衡、無執著、平等的狀態。

⑦ 輪迴：生死輪迴；有為法的痛苦循環。眾生由其未盡之業，所以在六道中受無窮流轉之苦。根據佛教思想，眾生依各自的業而在六道輪迴，包括天道（樂多於苦）、人道（苦樂參半）、以及畜生、地獄、餓鬼或阿修羅道（這些地方苦多

於樂）。一般也泛指由一切有為法，或由心理與物質構成的世間。阿姜查一直強
調，我們應當下在心裡觀察這六道。根據內心的狀況，可以說我們一直都處於
六道之中，例如當內心怒火中燒時，我們當下就從人道沉淪，而轉生於地獄
道。

第五章　阿姜蘇美多和國際森林道場

因此上師就像佛陀的化身而且是絕對必要的，

在一切時一切境，

他是皈依的殊勝源泉。

雨安居前二天我來到國際森林道場。這國際森林道場本身是阿姜查一生中重要的一章,另有別人能對此敘述得更為詳盡。那時,比丘們已經住在那兒四個月了。曾為想要建立一個外國人的道場醞釀了許久,可是當它出現時,卻是在完全沒有計劃下出現的,其他所有分院的產生也多半是透過這種模式。修行的純淨和功德似乎總能創造適當的機緣。

沒有第二念
覺知就會成為習慣

像隆波一樣,阿姜蘇美多可以很嚴厲也可以很溫柔。當我從崩扣朗寺回來時,他正好逗留到巴篷寺。我正與另一位比丘討論到不知道應去那兒過雨安居,我們老調重彈交換著我們的疑惑,突然間阿姜蘇美多插了進來,以最嚴厲的口氣說道:「你們沒有一個人願意放下任何該死的東西。沒有一個人。在這些道場的生活是單調平凡的,是枯燥的。隆波說你必須死掉。」

通常他的談話是清楚簡潔的,幾乎令人感到舒服的地步。他所指的是修道的核心,即觀察三個特性。他說他感覺訶斥與苦行過份被強調,而事情的核心卻沒有觸到。他說,隆波自己也逐漸開始說起,過去巴篷寺的苦行沒有真正產生滿意的結果。尤其是對西方人,他們對禪修似乎是帶著一種贖罪和迫切感,這方法似乎不是最

阿姜查、阿姜蘇美多，及西方比丘、沙彌及居士於一九七五年攝於國際森林道場。

好的。他在巴蓬寺停留時所做的隨緣開示對我很有振作的效用，我內心突然明白某些事，我明白我正做的便是我所應該做的事──即觀察三個特性，我不必憂慮那無法描述的東西，以前我老認為自己沒把它做好。

雨安居的第一個晚上，阿姜蘇美多告訴我們作息內容──重點明顯放在正式的禪修，而不在那無止盡的律藏研讀、開示及勞動，這

些仍是大部份分院的例行——同時他鼓勵我們按照禪修的方法練習，沒有第二念，如果我們這樣做的話，覺知就會成為習慣，那麼我們就能正覺地過完我們的一生。對我來說這些聽起來挺合理的，也挺好的——老實說一個人還能再企求什麼其他的呢？雖然如此，它看來仍是個遙遠的目標。

這兒志同道合的氣氛較為濃厚，是我以前從未感受到的——沒有短期出家的人，孩子們待在寺院只因為他們的父母把他們送去——彼此之間容易溝通，沒有導致誤會及不愉快的文化隔閡。這當然並不是說每件事都理想圓滿。我們彼此生活在一起還是有不少要學習的，而且阿姜蘇美多在成為師長這方面，也仍有許多等候著他的試驗及學習。不過，整體的感覺非常的好，有許多因素在過去及在別的地方是見不到的。

他有一種世界必須
等他的態度

雨安居繼續著，作息變得密集起來，日子並不容易，可是卻很好。同時，我們的名聲開始散播出去。當居士來探望阿姜查的時候，他會問他們去看過蘇美多的道場沒有。在巴蓬寺已經建立起來的穩固護持之外，所有鎮上的人都來供養食物（往往也為尋求彩券的號碼），使得飲食非常豐富，我們多數人都開始長胖了，尤其是

我。隆波會開他慣常的玩笑，叫它「煩惱道場」或「美國道場」，可是他明顯認為它是件好事，前來的居士也這麼認為。我懷疑沒有一個人能夠想像在不久的將來，這個地方將成為什麼樣子。第一個雨安居那兒只有九間茅篷及二個草寮（gadorp，沒有地板的草屋，只有一張床放在地上）。阿姜蘇美多住在一個小的竹寮，其屋頂也是草，我們有一個小小的大殿，泥巴的地面，屋頂覆蓋著草。

　　雨安居期間，隆波一天下午過來視察。居士晚上也來了，按例也有佛法的開示。當居士回家之後，我們跟隆波一起靜坐，他交待我們在空地上為他鋪設一張床。「我要睡在這兒，」他說道：「法拉般若要整晚為我按摩腳。」這當然很荒謬，可是我還是依教奉行。他躺下來，我便開始工作。他似乎要入睡了，可是卻開始跟我說話。幾個小時後，有一位比丘發心前來替換我，讓我去做瑜伽。隆波那時正在熟睡，可是這位比丘告訴我，我一離開，他便醒過來並問道：「法拉般若到那去了？他沒去睡覺吧，是嗎？」

　　我回來完成我的守夜任務，隆波要去一戶人家用餐，不過他在黎明時跟我們開示。他有一種整個世界必須等他的態度，他不在意那些虔誠的村民正等待著將食物放在飢餓比丘的缽中。一位較為資淺的比丘明白他很久以前犯了一條僧殘戒①，因此他對阿姜蘇美多說，阿姜蘇美多又對隆波說。隆波處理的方法比以往好多了——這是少數幾件會令他暴怒的事之一。他提醒我們經典上的譬喻，寧願將「它」伸入眼鏡蛇的口中，並告訴我們要在欲望生起時去審思。在後

來的幾個月，又有幾位比丘也發現他們有類似的問題，隆波給了些
簡短有力卻又好笑的評論，但是在這兒可能不必要也不妥當論述其
細節。總而言之，國際森林道場的僧眾學習了如何執行波利婆沙②
法，也學習了僧團的其他的功能。

有人了解他所教導的
是供養他的最佳禮物

　　這是我第一次在雨安居中沒有想到之後要往那裡去。國際森林
道場正是我安住的地方，而非一個流亡所。雖然我並不太覺得自己
「達到」那個能夠正覺地過完此生的境界，但可能確實有點什麼，是
朝向阿姜蘇美多在雨安居前所說的那樣。（在雨安居結束的那天晚
上，阿姜蘇美多要我們每個人談談過去幾個月來的感想。有一位不
久之後就因為行為失檢而還俗的年輕比丘說道，他現在可以就這樣
度過他的人生。他高貴的儀表及看來無懈可擊的覺知力乃眾目共
睹，甚至隆波也注意到了；我以前曾經這樣告訴自己：「你為什麼
不能像他那樣？」這是個典型的例子：落入老在觀察他人並執著於
某些觀念的陷阱之中。）

　　那一年隆波並沒有如往年一樣，到分院去巡迴參加迦絺那衣的
儀軌。這是另一個他正在老化的徵兆。在一九七一與一九七二年時
他是個年輕的人。他會跟我們一起連續幾個鐘頭掃落葉，而且往往

走最漫長的托缽路線，他不斷到各分院去，那時分院正在急速擴展。到了一九七五年他看來已經老了十歲。一年之後，誦戒堂正在大興土木時，他會出來監工，可是已經不能做什麼勞動的事了。一位比丘提到，見到他彎身拾起一片木頭時眞是令人難過；明顯地他在與衰老戰鬥這一件事情上是失敗的。

　　然而，他還是出來參加我們的供僧大會。那實在是一件小事，由當地的鐵路工人發起。他們給我們每人一條毯子及一個煤油燈。記得當時自己是多麼珍惜這新得之物，可是那兒的生活再也不那麼苦行了。阿姜蘇美多心裡很傷感地注意到，我們再也沒有機會去體驗困頓了。（我對這個景觀並不那麼悲觀，不過我從來就不像阿姜蘇美多那麼熱衷苦行。）

　　阿姜蘇美多在供僧大會上給第一個開示，他談到有些比丘喜歡課誦，有些人不喜歡，有些人喜歡坐著禪修，有人卻喜歡經行，有些人很困惑到底午後可不可以吃乳酪。他一直說一直說，說得讓我們大多數人變得煩躁不安，好像漫無邊際似的。當他說完之後，隆波坐在他的位置上以沉重嚴肅的聲調向居士說：「我不相信你們了解蘇美多老法師剛才所講的。恐怕沒有一個人了解。」之後他接著講不分別，一個關於人既不前行，又不後退，亦非站立不動的問題。那麼他在那裡？隔天阿姜蘇美多說他的開示是要講給隆波聽的；他想顯示給他，讓他知道確實有人了解他所教導的。他覺得那是他可以供養他的最佳禮物。當阿姜蘇美多自己成爲一位老師，人

們可以很清楚地看到他是一位領袖，所以看到他這樣孝敬自己的師
父著實令人感動。

譯註：

① 僧殘戒（sanghadisesa）：或譯「僧伽婆尸沙」，戒律之中重罪的一類，共有十三
　 條。犯此戒者，由最初的舉罪到最後的出罪，都必須由二十位僧眾決定，而可
　 「殘留」在僧團中。

② 波利婆沙（Parivasa）：或譯「覆藏」或「別住」，僧眾對違犯僧殘過失的懺悔與
　 淨罪的作法。別住在一房，不得與僧同處；雖入僧眾中，不得發表談論，即有
　 所言說，大眾也不與他答覆。詳見《四分律刪繁補闕行事鈔》卷中四。

第六章 返鄉探親

你應該明白所有的修行成就都來自於上師，

那些成就全因你身為他的徒弟，

受到了他的教導與加持的結果。

過了迦絺那衣節以後，隆波派阿姜蘇美多及另外一位比丘去大城研讀波利婆沙。於是落得我來坐鎮兩個星期。我僅是一個過了四個結夏安居的比丘，當然不是一位老師，不過一切都順利。對於戒律的高明，以及它如何被應用在阿姜查的道場，總令我增長恭敬心；單單把我們放在日常的作息裡，再加上僧眾的戒律，就足夠維持每件事和諧進行。這個特別的機緣讓我看到我及其他人都成長了很多。甚至必須以寮國語對信眾開示也變得容易。

一天下午隆波前來巡視，一位富有的居士隨行。她似乎不確定這位資深的外國比丘是誰，因此隆波介紹我爲「阿姜法拉般若，」他以拖長的語調說著：「他已經見到法，體證法了。」我眞想鑽到椅子下面，他說得那麼當眞。但我們當然都知道這樣的讚美有多少價值。在這幾年中，我發現他會連續幾次讚賞我，使我開始渴望見到他，然而下一回他便灑得我一身臭穢，往往是在眾人面前，那可眞令人覺得既羞辱又氣憤。

那時外國僧人的數量、前來拜訪的居士及僧眾的眷屬量都在增加。當僧眾的父母親來的時候，那種感覺都很類似，他們當然很欣賞兒子的情況，然而任何人都看得出來，他們寧願兒子離開這種比死亡還差的命運。另一個類似之處阿姜蘇美多很早就說過，我們大多數人來自安穩的家庭，有一些基本的道德教養，換句話說，我們是「好人家的兒子」，如經典上所說的。還俗以後我有機會觀察到破碎的婚姻，在離異的父母之間來回奔走的孩子，以及美國年輕這一

代似乎正在演化成一夥歹徒等現象，這樣的觀感對我就又增添了額外的意義。

這可能是
他的教法傳到西方的開始

　　在雨安居期間我收到奶奶寫來的信，信中表示她希望我明年能回到紐約參加她和爺爺結婚六十週年的慶祝會。我第一個念頭是「祝福您，奶奶」——我有二年半沒有離開過烏汶，根本很難想像到曼谷去，更別說到美國了。可是我在考慮著：可能我可以要他們也邀請隆波，

阿姜蘇美多與法拉般若，攝於一九七六年紐約在作者祖父母結婚的慶祝會上。

因為在完成五個雨安居之前我反正不應該獨自旅行，況且這可能是他的教法傳到西方的開始。當我向他提起此事時，此事對我而言仍不很眞實，他所說的只是我這麼瘦不准回家，人太瘦會讓人對佛教生起不好的印象。

可是在雨安居後不久我向阿姜蘇美多提到此事，有一天他問我，如果這一趟眞的會成行，可是隆波卻不想去的話，他是否能夠代替隆波的位子。阿姜蘇美多已有十二年沒見過他年老的父母，同時他有一份仍然有效的邀請——有位護法願意支付他的旅費。可能他也感覺到西方去的時機成熟了。我們在耶誕節的時候跟隆波一起討論，他說他不確定他能去；之後在萬佛節的時候我們詢問他的決定，因為我們必須開始安排了。他說他因爲蓋誦戒堂太忙；可能明年可以。所以阿姜蘇美多跟我一起走。

在這個時候，我突然變得發燒得很嚴重，疼痛、噁心，我幾天沒吃東西，當我在晚間咖啡時間沒出席的時候，人們便知道我必定眞的病了。可是這種事情我根本沒考慮去看醫生或到醫院去——並不是想逞英雄，而是因爲那個小地方的醫療制度，最多也不過只是聊勝於無，而一趟路到城裡去可眞是辛苦（那條沿著寺院的路那時才剛開始在修建）。在雨安居期間有幾位比丘也生病，送醫院，做了所有醫生可以想得到的檢驗，然後過了幾天，當症狀退了之後，某個人會決定那可能是傷寒……這便是村民認爲我現在所患的病，因此他們帶給了我幾加侖罐裝草藥，其味道嚐起來像似洗衣粉。這些草

藥並沒有造成什麼傷害，幾天後燒退了下來，可是噁心的感覺依舊。

能夠維持修行
而不過份緊張

在這時候聽到消息說空軍那邊的人要前來修供養（tam boon，做功德，即供養食物）。一天，他們在用餐前抵達，並圍著寺院巡禮參觀。當他們在大殿集合時，由於目睹了我們生活的簡陋，似乎很受震撼。對曼谷中等階級的他們來說，泰國的東北就像西伯利亞，所以我們從西方樂園來的人怎麼可能這樣生活？他們即刻開始募款，要先建一個像樣的大殿，另外也爲我們要到美國而籌款。

那天晚上阿姜蘇美多與我，以及其中的幾位，和一位當地的護法潘薩克（Pansak，他本人便是一位退休的空軍官員）一起搭火車到曼谷去，如此我們才能查出機票的優惠情形。我之前曾請當地保健中心的「醫生」給一些預防暈車的東西；他問起我的症狀，在我敘述時他聽得很仔細。他那天晚上回來帶我們去車站，並給了我一些防暈藥，同時說道：「阿姜法拉般若，你所患的病叫做『脹氣』。」

我們被邀請住在一個離機場很近的地方，那地方是一群在空軍工作的人建造給比丘使用的。幸虧我們新的護法，薩克上校（Colonel Sak）與梅葆（Mae Bow）把我們的座位改成臥舖。早上我

們到他們家用餐。雖然食物好得很，可是我根本無法碰它。梅葆發現我不舒服，就問我要不要去看醫生。之後我們就與潘薩克一起出發。首先我們到泰國航空公司的負責人朱將軍的家，他的夫人也在家，並給了我們一些資訊。在那個時候，他們並不飛美國。我們去找暹羅航空公司，一家新的航空公司。暹羅航空的主任，塔威隊長（Captain Tawee）是個很精進的修行人，同時也是東北區好幾位阿姜的弟子，不過他從來沒有見過外國比丘。他似乎很感動，並說他要給我們免費的機票去加州；每一年他與夫人都可以去旅遊，到任何他們飛機所飛行的地方，就在當下他決定把這些機票捐出去。

當消息傳到泰國航空公司時，他們也給我們免費的機票從倫敦到曼谷。於是我們想我們負擔得起把潘薩克帶著同行，可以當總務，這位忠實、慷慨、時運不濟的護法，他好多年來都如此悉心護持。暹羅航空公司以三分之一的價格賣給他一張票，泰國航空公司也立刻跟進。

頭一晚我去看了醫生，一個道地的醫生。在九十秒鐘之內，便診斷我得的是肝病，他給我一些藥並告訴我要多休息。阿姜蘇美多回去烏汶時，梅葆請我留下來在她房子旁邊的大殿住，以療養身體。

這個情境，不同於我出家做比丘以來所有的體驗。我一個人獨處，距離在家人非常近，被所有比丘所能想像的奢華圍繞。我每天早晨托缽所到的住宅區更像美國的郊區，而不像泰國的郊外，乃至

不像曼谷城寺院周圍的鄰里。不過，事情還是很順利，我感覺我知道如何運用戒律以跟這些保持一段恰當的距離，同時能夠維持我的修行，而不過份緊張。我肯定在一兩年以前我是無法做到的。這是另一個正面的徵兆，給了我可以回美國的信心。

　　同時從貧窮的東北區轉換環境也是件舒暢的事。當我在巴可拉寺的時候，那兒的土壤比較肥沃，所以村民過得比沼澤村的人好一點，我開始想，當生活環境太艱困的時候，有時會讓心處在粗浮的狀態。當然，這還是因個人的性格以及一個人在某種情境下所需而異；有時隆波自己會談到四個助道因素：恰當的飲食、住處、氣候與人，可是有時他卻又鼓勵修行人去找逆境。無論如何，我寧願享受這天界般的環境以調理我的身體，同時忙著為淨居勝寺（Wat Boworn）的副僧王翻譯《戒律入門》（*Entrance to the Vinaya*）第三冊。

沒有任何計劃之下
另一個弘揚佛法的情境成熟了

　　最後返回烏汶的時間到了。那是在四月中旬，我們將於五月初出發前往加州。我沒有病，不過仍然很虛弱，醫生警告我要小心不要用功過度，以免傷了我的肝，一旦患了肝病，恐怕就得花上兩個月至兩年的時間才能回復正常。我跟潘薩克及其朋友共乘一輛車，

13

PHOTOGRAPHS BY BOB SHAMIS

SASH MILL CINEMA
SANTA CRUZ CA.
DECEMBER FIRST THRU TWENTY THIRD

一位老朋友在我一九七六年於加州時幫我拍的照片，並把它用在他的攝影展上。比起一
九七四年時的照片，我那時胖了55～60磅。

我們到達的時候是晚上，我決定在回到國際森林道場之前，先到巴
篷寺向隆波頂禮致意。天氣非常熱，又是漫長的一天，我的腳步都
搖擺不定。誦戒堂那兒還有工程。我們找到隆波，他立刻開始訓斥
我：「哦，你回來了，你這懶惰的傢伙……。瞧你變得多胖。我要
派你去工作，去捶地基，那才是你需要的……。」單單看到其中捶
地的器具就令人痛苦。我當時的戒備力極低，一點不覺得這有什麼
幽默。有時候他喜歡在你還來不及坐下時就搞得你苦痛難堪，看來
似乎如此。

　　隔一天早上我走短的托缽路線，當我們在第一戶人家等候他的
時候，他走上來，指著我，跟一位新的比丘說：「這一位已經死
了，看他多胖啊。死了！」隔天早上，他開始談論我有什麼麻煩：

「我可以有二十位其他的比丘，他們也比你一個人的麻煩來得少。」我認眞想著自己是否做了什麼事，使得自己落入他的冷宮，雖然我想不出任何最近犯的過失；我甚至有九個月的時間沒有到巴篷寺。這眞是沉重，這個感覺甚至在我旅美時仍然存在，一直到我父親告訴我，阿姜蘇美多說我是隆波特別喜愛的人之一，因此他喜歡開我的玩笑，這才讓我安下心來。

我們旅行的目的本是爲了拜訪我的家人，可是在曼谷及在美國時，人們紛紛要求阿姜蘇美多爲他們說法。在開始時他有時看似在掙扎，可是幾分鐘後便安定下來，知道應在那個情境說什麼話，你可以感覺到整個空間充滿了好奇心。我印象特別深刻的是，他能夠很自在地跟美國的居士們說法，甚至在他離開了那麼久以後。

在離開加州前往紐約之前，我膝蓋的軟骨受傷，因此當阿姜蘇美多由英國返回泰國時，我留在紐約準備動手術。結果阿姜蘇美多去住在位於倫敦的泰國寺院，感覺那應該是比較適宜的留宿地方，雖然本來向我們推薦的地方是英國僧伽協會；可是這間泰國寺院非常擁擠，因此他住了一天之後便離開前往英國僧伽協會，看來那兒正期望著一位適合的比丘出現。他們對他印象非常好，所以當我八月到達那兒的時候，他們正準備到泰國去邀請阿姜查派一些比丘住在那兒。因此沒有任何計劃，另一個弘揚佛法的情境成熟了。

阿姜蘇美多離開以後，我待在父母的家兩個月，再一次我發現我可以持守戒律而不落於過份拘謹。總之，黃色的袈裟與那麼繁瑣

的戒條並不像我當初所想那麼不能被人們接受。在加州我看到而且
聽到很多不同團體的人在修不同傳統的佛法。這跟我七年前離開時
的景觀相比有很大的變化，在泰國時我約略聽到一些，可是對其普
遍程度沒有任何清楚的概念。可是，在紐約的郊區，這種情景還看
不到。我盼望著回到泰國、回到森林去。

第七章　過了五個雨安居

有這樣的傳授，

縱使你禪修了一千萬劫或修一百萬個成就法，

只要一剎那間憶念起上師就勝過這一切。

我的膝蓋復原得很慢，因此我等待著，回來時仍拄著手杖，別的僧眾已開始雨安居一個月了，我於是參加第二安居❶。邁克是一位想出家的居士，從紐約起跟我同行，我們一起搭火車到烏汶。到達巴篷寺的時候，我非常感動，充滿了恭敬去見隆波。可是當他看到我走近時，便開始對我吼叫：「無用，我不要，我不想要——太胖！我不要……。」在沉默中我笨拙地一膝跪地，我所能做到最接近頂禮的姿勢。他嘲弄地問：「就像這樣，是嗎？」於是繼續他如洪流一般的指責：「你是幹什麼事去了，住在你媽媽的廚房是嗎？你一定要絕食……吃一個月的樹葉……。」

超越平常的限度
打破身心的習慣

一位不苟言笑的阿姜雷穆（Ajahn Liem），現在是第二號負責人，帶我到我的茅篷。我因火車的旅程也因隆波的語言上的鞭打而累壞了，所以決定不吃飯。雖然絕食對我一直是不舒服的，我絕食了四天，後來每週絕食一兩天。氣候及飲食的驟變使我沒有胃口（我確實有不少多餘的重量）。每天早上在吃飯前，我看著我的缽，那實在是嚴酷的景觀；我就想起曾經流行的一首歌：「你不知道你多麼幸運，男兒啊，回到蘇聯。」（當我還俗後我回去探望邁克，我聽他告訴他的一些朋友有關巴篷寺的飲食：「通常你就是付給我

錢，我也不會去吃那種東西。有些用魚來調配的食物……在魚餌店裡的東西看上去也還更好一點呢。」）

　　我從來沒有在巴篷寺度過雨安居，這又是企盼已久的第五夏，可是它卻令人大失所望。在這時候我對做比丘已經相當自在，所以不感覺在跨越終點線上要掙扎。隆波並不常給開示，我因為膝蓋的關係不能參加共修——甚至在用餐時我坐在齋堂外面，那兒我可以把受傷的那隻腳懸在座位的邊緣。事實上也沒有多少共修，因為誦戒堂工程的關係，多半是在堆填山丘，誦戒堂要蓋在上面。有一些比丘白天要工作，下午每一個人都要出來勞動直到天很黑了才停，有時做到午夜時分：一天晚上我出去看一看，邁克正挑著土，淌著汗水，他抬頭看到我並說：「我的亞洲假期。」當然，以隆波的觀點，工作便是修行的一部份，像其他事一樣。以他的修行方法，你不只是做那些「正常」或「合理」的事，而是超越平常的限度打破身與心的習慣。所以我們便這樣工作（我說「我們」因為當我的膝蓋康復以後我也開始工作；雖然雨安居大部份的時間，因我的不良於行所給我的安全距離來觀察，可能比較容易欣賞隆波。）

　　有好幾位外國僧人在巴篷寺結夏，而他們得不到任何教導，所以我發心去教戒律，隆波同意這個做法。我過去聽過很多次戒律的教導，也讀了律藏的大部份，所以我有信心自己可以教，而且給一些在隆波的道場生活的指引。我看得出來這個「體制」如何培養人讓他們傳遞某些東西給後來的人；從那些年開始，總是有具承擔力

的人負責國際森林道場及其他地方。隆波過去常常問他的弟子，如果你現在不好好修行並保持和諧，我走了以後你們要怎麼辦？好了，現在他已經走了，雖然他的身體還拖著，我認為多數人對於僧眾如此和合地在一起感到很高興。

　　由於誦戒堂工程的關係，沒有太多的時間能跟他在一起，可是當我的膝蓋仍在復原的時候，我與另一位老比丘都跟著他一塊兒去托缽，這位老比丘從八戒女所住的村子來的。當然偶爾會有雋永且令人難忘的場面。有一次在勞動完後我走過隆波的茅篷（我的茅篷在森林中位於他的茅篷後面），他與另一位比丘正在談話，他叫住我，我跪在地上，他問道：「當你在美國的時候，有沒有女生要碰觸你？」我說道，沒有，那從來就不是一個問題。「人們有沒有問為什麼你不可以碰觸女生？」是的，他們有問。「你如何答覆他們？」我說到那是為了幫助維護梵行，不淫的生活。「答錯了！」他說，在一個具有戲劇性的休止符之後，他才說道：「你應該告訴他們：『如果一位比丘觸摸女生，他會肚子痛。』」

很多地方還是同一個人
可是很大的改變發生了

　　就這樣這神話般的五個雨安居過去了，現在看起來實在並不那麼冗長。當我第一次碰到阿姜蘇美多的時候，我是個初出家的沙

彌，他說道：「生命很短暫，我想以我的生命做一些有益的事。」我問他：「你當真覺得生命短暫嗎？對我來說它簡直是漫長。」可是幾年之後我開始察覺到時間逝去得很快；似乎我每一轉身，又是兩個星期過去了，又到了要剃頭的時候了。在沼澤寺的時候我開始想：「只要再過二十九個月又三個星期，我就進入第五夏了。」而今，它也已成為過去。在很多地方我覺得自己還是同一個人，可是很大的改變發生了。似乎，我在惡趣的逗留真的已拋在身後了。隆波經常說，成為「不再依賴」並非只是指泡上五年時光之後便拎著你的缽出走。然而我覺得在消磨時光之外我所做的其實甚少，而且我認為單單住在寺院裡面並持守戒律，對任何人幾乎都產生很顯著的作用。

英國僧伽協會的喬治‧夏坡（George Sharpe）十二月抵達（一九七六年）。隆波出門不在，雖然他是來捐獻一個蘭若（vihara，僧眾住的地方）以及居士的生活所需。他受到阿姜雷穆慣有的「禮遇」：住在大殿，坐在齋堂外面的水泥地，從邋遢的盆子裡取食。我根本沒想什麼，可是阿姜蘇美多聽到此事非常不開心，尤其是他後來跟喬治‧夏坡一起同行去見阿姜瑪哈布亞（Ajahn Mahabua），那兒的待遇就好得多（而阿姜瑪哈布亞還以為難來訪的客人而著稱）。不過，當我向隆波提及此事時，他所說的只是：「我們又不是瑪哈布亞。」

每個人都已知道結果是什麼：阿姜瑪哈布亞不覺得他的弟子已

經成熟到可以去英國，不過他卻強調如果他眞的送比丘去的話，一
定要維持把大宗派的人與法宗派①的人分開才行。隆波同意五月跟
阿姜蘇美多一起去。我所剃度的一位英國的比丘甘曼達磨
（Khemandhammo）要去探望其父母，所以他也一起去。另兩位年輕
的比丘要前往美國及加拿大，之後會在倫敦停留；隆波決定把他們
全部留在那兒。

他對宗教是什麼
確實有體驗

　　喬治晚上會到我的茅篷喝可可並聊天，那個時候他除了旅途勞
頓與爲挽救英國僧伽協會的奮鬥以外，也正經歷一些情緒上的波
動。在他抵達不久的某個晚上，經過長談之後，他說：「哦！我覺
得好一點了，我到了這兒之後感到十分困惑而且沮喪了好一陣子。」
我說：「我明白你的意思。我剛到這兒的二三年間也有這種感覺。」
　　也是在那一年隆波講了「耶佛節」的開示，國際森林道場的僧
眾決定要慶祝耶誕節並邀請居士參加，也邀請了隆波。正如傑克‧
康菲爾德（Jack Kornfield）所說的，居士有些懷疑及不滿；他們質問
爲什麼佛教的出家眾在慶祝耶誕節呢？因此，隆波給了一場談論宗
教目的之演說。他說，就他所知，基督教義教導人們行善去惡，正
如佛教所說的一樣。因此究竟問題在那裡？如果人們所不滿的只是

慶祝耶誕節這個概念，解決方法很簡單：我們不再稱呼它爲耶誕節就是了，我們就管它叫「耶佛節」吧。就我所知，在一九八一年十二月二十五日我人在那兒，這個節日依舊以各式食品的供養與佛法的講演方式在慶祝著（至於這個故事是否完全眞實可能不重要──隆波自己過去就曾經把別人的話與行爲加以修飾，並調整它們以符合其教化的目的）。

阿姜查並不是學比較宗教學的人，他並不透徹了解其他宗教或佛教其他宗派的教義，可是他對宗教是什麼確實有體驗，而且他喜歡強調不同宗教的共通點，並把名字與事實分開。當有人問他爲什麼泰國，一個佛教國家，有那麼多犯罪的事，或是爲什麼東南亞這麼混亂，他說那些不是佛教徒幹的事，也不是佛教幹的；那些全是做那些事的人所幹的，佛陀從來沒有教導過任何這樣的事。

有一次他提到當他還是孩子的時候，他的學校裡有些信仰基督教的孩子。當孩子在廣場玩的時候，一個人會叫說：「我是佛教徒。」另一個會叫：「我是基督徒。」於是一場爭吵便展開了。因此這便是在宗教間爭議的景觀：孩子們在校園的廣場上爲名字而大戰。

他對人們
並沒有一成不變的答案

在一九七七年開始的時候，我決定要去曼谷找一個針灸醫師治療我的膝蓋，然後去行腳。正好那個時候有一位澳洲比丘出現於巴篷寺，他要在出去行腳前向隆波告假。在他離開的前一晚我到隆波的茅篷，不過坐於牆後，沒有跟別人一起坐在他前面。他正與這位比丘談論到行腳的好處，我並不記得其中的細節，主要是他讚歎這種修行，並說道雖然一個人還沒成熟可以「得到」法，他可以透過別人的行為而得到梵行（聖道的生活），因此而激起別人的信心，於是他說了舍利弗②的故事，他因為見到一位比丘行乞，被他莊嚴的威儀而激發信心，因而被引進法的堂奧。

隔一天晚上我去見他並告訴他我的計劃。「行腳？為什麼你想去行腳？」他說道，並開始數說到處走動根本毫無意義。這是一個好的例子，可以看出他對人們並沒有一成不變的答案。或許他想要測驗我，可能他真的覺得我不應該走。我想好的老師希望他的徒弟最後學會為自己思考（或如何不靠思索，而靠清明的心做出決定）。他一而再，再而三地令我吃驚，這麼多年來我終於弄明白他不是可以被預知的。曾經有個傢伙叫羅恩，一位自負的美國青年，到巴篷寺來。他得到一份贊助獎金去研究佛法，在他的研究計劃中他必須出家一段時間，他來與阿姜查面談。當我第一次帶他去見隆波時，

我提到他計劃要出家，心想這樣可能讓隆波高興，他經常會建議任何來巴蓬寺訪問的外國人，要高尚地運用他們在世的時光唯一的做法便是出家。可是他對羅恩說：「為什麼你要出家？那有多麻煩呀，你恐怕不會喜歡。」我聽了很驚訝，可是我想他當下就把這傢伙看穿了。他說了一些對羅恩不對味的事。當羅恩表達他的反對意見時，我點出隆波教導過法永遠不會錯；它可能與我們所見不合，可是那是因為我們的錯，而非正法。「他怎麼知道呢？」羅恩辯說：「可能那只是他的看法而已。」

　　總之，我還是去行腳了。

我知道自己會繼續修行
不論我住在任何地方

　　我待在曼谷幾個星期，針灸真的對我的膝蓋有幫助，可是正當我要往南走的時候，我病了。那只是感冒，可是發作起來的時候，挺像肝病的初期症狀。這引起一連串的思緒，在過去的兩年中我花了相當多的時間從一個病療養出來，又要療養另外一個病，想到還要繼續下去實在很不令人開心。雖然我知道從久病當中我受益了很多，現在我感覺我的修行正處在低潮，主要因為身體太差而且沒有多少精力去修。因此第一次我認真思考到還俗的事。

　　在出家的頭幾年裡，我常常希望自己在別的地方，可是我從來

沒想過還俗是一個我可以做的選擇；那會好像在手術中途離開醫院一樣。我在美國時，有時會感到被一些看來像天堂般的生活環境與修行吸引，可是我可以看透它見到許多在家生活的問題。確實，在還沒去那裡之前，我已經經驗了一段阿姜炯預測並警告我的，也就是被在家生活吸引，以為自己已經學了很多足以做一個好的居士，可以依佛法扶養一個家等。可是當我真正見到結婚的老朋友時，我感受到的多是他們的痛苦而非其他的東西，那著實把我的幻想敲破。然而現在我明白如果我離開，我不會在恐懼或懊惱中死亡，我已完成了五個夏安居，我感覺我可以照顧好我自己，我知道我會繼續修行，不論我住在任何地方。到西方的那一趟也讓我知道，在寺院的圍牆之外可以找到許多老師與僧團。看來到目前為止我的修行內容大部份是「待在那兒」，雖然那個方式直到現在確實很適宜，而且帶來了很多的利益，不過可能已經到了回收率開始衰減的點，應該有更好的修行方式。

這想法非常突然，我也感到很意外。我知道我會慎重考慮不會只是做迅速的決定。我不想跟任何人討論，一部份的原因是它幾乎是個禁止談論的主題，另一部份原因是我知道人們會怎麼說，同時唯有我才能做這個決定。

我決定必須繼續自己行腳泰國的計劃，縱然我的興致並不高，尤其現在正好是熱季。首先我搭火車到班武里省，停留在巴篷寺的一位比丘告訴我的那間小寺院，我將略過這部份的細節，只提到這

個故事在這個階段一些最突出的點。阿姜查在這個時候已經相當出名了（一九七七年）。人們從泰國各地慕名前往巴蓬寺，他的名字也傳聞於每個地方。身爲他的徒弟，我所到的每一個地方都倍受禮遇，當我看到其他巴蓬寺的僧眾（譬如在解脫自在園③看到的時候），我感到他們的外相與行爲都比其他一般的僧眾看了令人歡喜，值得受恭敬（當然這並不表示什麼），往往比從其他地方來的禪修比丘好，雖然可能我有成見或我已養成了期待某些外相的習性吧。另外東北區的居士，與我去過的所有其他地方的居士有一個特別懸殊的差別，這個現象我認爲對任何在泰國四處旅行的人都很明顯。東北區很貧窮，在物質的供養上無法跟其他地區比，可是那兒的居士對眞正的修行有更高的興趣，可能就因爲現代化、機械化及物質發展等等之害還未過份侵蝕那兒的生活品質。無論如何，當我在南部的時候，我開始對於不幸的東北佬感到特別的好感。

可能跟一個阿羅漢住在一起
卻渾然不知

　　回到行腳，我從班武里出發前往解脫自在園；我於下午很晚的時候離開，感到有點喜歡走路。不過隔一天我動身得早一點，大約走了十分鐘，我的袈裟爲汗水濕透，我所能想的事只是，任何幹這種事的人必定是瘋子。之後我對於任何發心要讓我坐巴士或火車的

事都非常開心。

經過三個月的自作自受，要還俗的決定自行出現，它清楚地像是我應當做的正確之事。那時隆波與阿姜蘇美多在英國，當然我會等到他回來。想起要跟他攤牌，我會到曼谷去見他，阿姜蘇美多將坐在一旁，告訴他我要還俗，我死掉了一千次。

可是，當我待在清邁打發隆波回來前的剩餘時間（同時看看是否還有最後關頭改變心意的可能），我聽到消息說隆波決定將阿姜蘇美多及其他人留在英國。很慚愧地說，知道這件事對我是一種解脫，我就不必同時面對阿姜蘇美多及隆波，雖然最後的結果是要應付隆波微妙的伎倆，那要比我先前所預期的殘暴場面更為艱難。

先再回到南部一下，在那時候大家熱烈辯論的主題之一是一位年輕比丘，之前他住過巴篷寺，有些人相信他修成了一位阿羅漢果。我正與班武里一間寺院的住持討論此事，他只說：「阿羅漢與凡夫不同，可是很難知道誰是阿羅漢。你可能跟一個阿羅漢住在一起卻渾然不知呢。」之後我想他是不是在暗示什麼。他是一個脾氣極度平和的人，我從來沒見過他發脾氣，誰曉得呢？我從來對某人可能證得什麼果位這種問題不特別感興趣；可是很高興知道隱沒在泰國的各個角落裡，仍有修行人做著他們應做的事而得到其中的利益。

隆波在雨安居之前回來，他停留在梅葆的家。懷著很深的顫懔，有一天晚上我去到那兒，計劃去告訴他我的決定，然後跟他去

烏汶向大眾僧告假。我想在淨居勝寺還俗；在烏汶做這件事會太沉重。我已經跟住持說過了，他當時為我剃度做沙彌，同時也訂製了我的長褲。

於是我告訴他
我已下定決心要還俗

當我到達的時候，隆波正在跟一大群居士談說他的英國之旅。他說話時眼睛半瞇著，我坐下來時他沒注意到。他說的話我所能記得的，只是他描述清晨時分在倫敦四處走著，看到人們在遛狗。從他描繪出的清楚圖案看來，他對英國人的心理了解得相當清楚。

（隆波在旅行中有日記，已經被印刷了好幾回。這是他第一次搭飛機，阿姜蘇美多很早就懷疑他怕坐飛機。他以前會問到像這樣的問題：「飛機上有廁所嗎？」儼然他在找一個藉口不要坐飛機。然而在他的第一次飛行中，那架飛機出了某個機械上的問題，廣播中告訴每一個人穿上救生衣，機上的泰國旅客到隆波那兒要求加持與保護，根據阿姜蘇美多所說，隆波只是想，就是這樣了啦，這便是坐飛機時會發生的事。）

他結束了談話，睜開眼睛，並注意到我。在開場的一場羞辱之後，他問我要到什麼地方去度雨安居，我只回答說我必須跟他討論。之後，他問我將來想做什麼，我想去行腳呢還是獨住，想去教

書嗎，想成為學者嗎……？我再一次回答我必須跟他討論。感覺起來像在演戲似的：我想像他知道我心中的想法，可能在屋裡的每一個人都知道，可是他仍跟我演著這齣戲。

終於居士離開了，我與另外一位泰國比丘與隆波獨坐，好吧，你要做什麼？於是我告訴他我已下定決心要還俗。

沉重的死寂。

之後他問我是什麼導致我得到這個結論，我將事先早就演練好的冗長說明敘述出來：修行大部份是一件耐力訓練，我不覺得自己的禪修有進展，氣候、病痛、苦行的生活似乎是很大的障礙，在經過長時間的考慮之後，我真正認為改變生活方式可能有益。

他似乎既不被我的邏輯所動，亦不喜歡我的結論，他沒有試著跟我辯。他只說：「你去行腳，這就是你帶給我的嗎？」然後他用英文說：「非常感謝。」他站起來並說應該是去睡覺的時間了，讓我坐在那兒感覺到腹股溝被踢中似的。

隔天他根本沒有跟我談到這件事，晚上居士們送我們上火車前往烏汶。他們執意要讓我們坐頭等艙，雖然隆波說：「把法拉般若放在三等艙，他喜歡三等艙。」我猜那表示他仍是在意的。火車開動後他便去睡了，所以沒有討論。

隔天早上在瓦林火車站，看來烏汶這地方一半的人都出來迎接他。好多僧眾也在那兒，我們進城托缽，然後回到巴蓬寺用餐。我跟從國際森林道場來的外國比丘一起搭乘一輛卡車，可是沒有回答

他們問到的要去那兒結夏的問題，只說我會很快向大眾僧報告。我
卻將我的決定告訴了阿姜帕巴凱洛（Ajahn Pabhakaro），我本是跟他
出家的，現在他是國際森林道場的住持。他因為出乎意外而沒有說
多少話，雖然幾天後他確實盤問了我。餐後我們回到國際森林道場
去。

我們的心態對他來說
是清楚的

　　我向大眾僧宣布了我的決定，總之他們似乎尊重這個決定。其
中原因是那時我已是資深的外國僧人了，再說我已做到了我這部份
過五個夏安居的義務。幾天以後我前往巴蓬寺去向隆波做最後的告
假，至少我是這麼想的。到這時候，我的心意已定，別的主意不會
打動我，我真的覺得我受夠了。

　　我在托缽之前去見隆波，當我來到他的茅篷時，他正在樓上。
一位面熟的年輕比丘等候在那兒，他問我是否仍記得他。原來是岡
哈（Gun Ha），那位號稱的阿羅漢。他令我覺得簡直仍是我幾年以前
認識的那位愉快，說話輕柔的傢伙。他也問我要到那兒去結夏，我
再一次以要先跟隆波私下說話來閃過這個問題。我想，他不是應該
會解讀別人的心嗎，那麼為什麼還要問我呢？

　　在幾年前的有一次，當與隆波坐在他的茅篷時，我似乎有了一

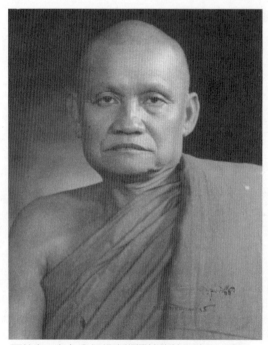

阿姜查一九七〇年代中期攝於位於烏汶的一家
「烏汶照像館」

個關於他心通的一點洞見，有一位美國兵名叫傑理，從烏汶的基地來訪。他已來過幾次，這一次我們一起去見隆波，傑理要為隆波拍幾張照（這事情十分滑稽，隆波掙扎得很辛苦要擺出一張嚴肅的臉，像一般泰國人在照相時應有的姿態）。接著隆波開始向傑理問問題，這一問便把他的種種憂慮和心事披露出來了。那時候隆波的茅篷有一隻關在籠子裡的松鼠，那是某個人帶給他的。我看著這隻松鼠在籠子裡四處跳著，沒辦法去任何地方，也沒辦法止住不動。然後我看著傑理，當隆波跟他說話的時候，他明顯地侷促不安。對我來說它似乎顯示出隆波可能看我們每一個人都是如此；我們的心態對他來說是清楚的，情況就猶如那個時候在我眼前的這隻松鼠一樣。可能他心通並不止於此，可是它揭開了一些我對此事的迷思並使我明白它可能是個敏感度的問題，即覺知

性。隆波曾說正如成人能了解兒童，是因爲他們經歷過他們現在所經驗的，因此一個清楚看到並超越思想及情緒模式的人，能了解別人心中的這些東西，而且對這種人來說，各種臉部表情及肢體動作都說明心的狀態。

　　我向一位來訪的西方女士提到這件事，她說：「我希望隆波不要把我看成那樣（亦即像這隻松鼠）。」我說我想他看我們全部的人都是那個樣子，她回應說：「哦，對隆波來說這是多麼難過啊。」

　　他來到樓下。根本還沒坐下，便以寮國語向我咆哮：「你要做什麼？」每回他用寮語的這種調子我就知道麻煩來了。我說我來告別的；我要回曼谷去還俗，如我先前講過的。「好不好再待一個雨安居？」他問道。不要，我已下定了決心，而且我看不出那樣做還有什麼意義。他說他覺得我至少要多待三個月，到那時如果我仍要還俗，就沒有任何疑惑存留著，我便可以離開，知道自己沒有做錯。我回答說我眞的必須還俗。「什麼意思你『必須』還俗？你沒有捅了誰的『屁眼』吧，是不是？」意思是說只要我沒有做任何那類的事，我不能說我「必須」還俗。這樣反覆了幾次，我開始看到我整個建構完整的策劃在眼前瓦解。它在過去看來多麼堅固與眞實，而現在他對它施展神力。他仍以粗啞的寮國語說道，我眞正關心你，這就是爲什麼我跟你說這些話。

　　我回到茅篷並且決定忘掉吃飯這事。我以易經卜卦，我並沒有這樣做的習慣，結果是在行動前要仔細考慮，或是時間未成熟。之

後當我午休時卻夢到自己在裁縫店而我的褲子不合身。隆波把我的心搞得很混亂，那天下午我回去告訴他我同意多待三個月。他說我應該回到國際森林道場依我的歡喜而修（我的膝蓋仍很脆弱，無法跟上共修的全部行程）。在我們結束討論之後，我起身離開，他惡作劇地說，你不會還俗，你要多待一個雨安居並克服此事。「再三個月。」我說。

放下它
已經過去了

回到國際森林道場，我與阿姜帕巴凱洛做了安排。他會坐在住持的位子上，我則做我自己的修習，可是晚課後要由我教戒律。我必須再向大眾師宣布，並到曼谷取消先前的安排，然後在結夏之前立即趕回。

東北區經歷了偶爾一見的乾旱期，天氣非常熱，兩個星期之後我便陷入舊軌。我說過要把做決定一事擱置於架上三個月，可是它卻從架上摔了下來；沒有任何改變，我真正想儘早把一切結束。我再用易經卜卦，這次說我可以走了。因此趁一位年輕的比丘及一位由武里喃省來訪的印度比丘要去見隆波時，我就發心跟他們一起去並為他們翻譯，心裡盤算著（再一次）要向他告假。

這位外國比丘有一個關於很多個月之前所做之僧殘罪的疑問，

那個時候他問過阿姜蘇美多，他說那樣做沒有違犯，可是疑慮在他心中漸漸增長。當他向隆波說明的時候，隆波聽著，而且只說，放下它，已經過去了。這位比丘心想可能隆波沒有了解他所說的細節，可是隆波只是不斷告訴他放下，過去的已經結束，了斷了。他看出這位比丘對接受這個事實有困難──這當然不同於隆波慣有對這類問題的反應──因此他告訴我們當他新出家時他有過很多類似的憂慮。他使用僧眾物，心想可能犯偷盜的波羅夷④罪；有時候他會想他不是真正的比丘，因為他的戒和尚並沒有持清淨戒（即，若出家時禮拜一位其比丘身份為無效之人為師，那麼這個出家人自己的比丘身份就同樣無效。但違犯輕戒並不導致失掉比丘的身份）。他曾經有過很多這樣的疑問，可是最後他生起智慧，看穿了懷疑的過程而將之放下。

　　下一個問的是阿迦友（Ajayo），人稱「印度比丘」（Pra Kack，Kack通常有貶損的味道；它泛指所有印度及阿拉伯籍的人。泰國的一句諺語說道：「如果你碰到一條蛇及一個印度人，要先打印度人。」）他對國際森林道場整個運作非常不滿意。他是那種專門吹毛求疵的典型，沒有人當真，可是阿姜帕巴凱洛同意讓他來見隆波。隆波非常禮貌並非常耐心地為他說明。他平息了片刻，可是下個星期他又去找阿姜帕巴凱洛要去跟隆波再度抱怨。當阿姜帕巴凱洛敘說這次會談時，他說隆波又很耐心很禮貌，雖然很堅定（他第一次也是的），隆波對一位沒有一丁點謙和的人展現的是真正的謙和。

最後輪到我，我告訴隆波事情並沒有變化，我可以完全肯定自己還是要還俗。他說，好吧；就等到雨安居結束。我回答說我感覺我只是在浪費時間。「浪費時間，」他說：「我浪費了很多時間。我是一個老人，我六十歲了；我總是在浪費時間。」我說我感到不配以比丘的身份托缽，我只是半個人在此，因為我的心已不在。「這個我倒想看看，」他說：「半個人。我要在報紙上刊個廣告讓人們來看看這位外國比丘，他只是半個人。」

他不肯動搖，我拜了三拜後離去。當我快走到齋堂時，我看到其中的一位外國僧人，於是我說：「我要去找一位律師。」看來這是對付這種人的唯一辦法。

出家與還俗對阿姜查來說都是重大的事，所以我想我本來就應該知道他不會輕易放我走。泰國大部份的寺院會即刻為人剃度，隨他們的意願要出家多長或多短。隆波已經停止短期出家的作法一陣子了，因為他真正相信一個人至少必須出家五年，而且並非獨修，是要依止一位老師的指導而修。這並非他的創見，而是律藏所記載的佛陀作法。可是在拒絕短期出家一陣子之後，他又開始接受他們，我想他知道他們總之還是會出家，可是到村莊或城市的寺院去，在那兒他們能學到的非常少，修得就更少了。可是，他仍然感覺那些為了解脫苦惱而來的人不應該輕易放棄，並且最好是永遠穿著僧服。在比丘的生活與居家的生活間他看到巨大的差異。

大部份泰國的比丘聽到了我的情形後，反應這是可以預料得到

的。有一位比丘要另一個人來跟我說他絕對不會還俗。「我很為他高興！」我說道。當我在清邁還沒見到隆波的時候，我跟普以山寺（Doy Puey）的住持討論此事。我告訴他我認為我可以在一個新的環境下增進我的修行。「別告訴我說你要還俗去修行。如果你說你想還俗去享受，那還有道理。可是不要告訴我你想要去修行……。我若是今天還俗，第二天就會結婚。」他已出家了十九年，一個資深的比丘還俗而隔天就結婚並不稀奇。在泰國，居士要像出家人那樣專注修行希望很藐小，所以那種看法也是可以理解的。甚至對隆波，那也是難以理解的。他問我，你想發財嗎？你想結婚嗎？當我以否定回答這些問題時，他便問，那麼為什麼你想要還俗呢？是的，我可以理解他的懷疑。我見過很多泰國比丘還俗，沒有一個人以居士身份回來探望時看了會令人感到振奮，而回來探望的人比起那些不回來的人恐怕還是情況比較好的呢。

阿姜派洛諦（Ajahn Pyrote）說：「當一個出家人真好，我們不必去上班，他們供給我們食物。如果他們也允許我們娶妻那就完美無缺了……。可是對很多人來說，出家就好像進醫院一樣。不論它的條件多麼好，沒有人想要一輩子待在醫院。」

把一切痛苦丟到大海去
把好的保留住

這個老頭子阻擋住我了嗎？我真的很不高興，而且似乎沒有任何出路。我回到國際森林道場，沸騰了一陣子。在齋戒日整夜靜坐的某個清晨，我終於稍微平靜了一點，我明白如果我要成功，我不能處在忿怒的情緒裡；我需要盡己所能地培養清明之心。我坐下來寫了一封恭敬的，富有思想的信給隆波，託下個去巴蓬寺的人帶去。幾天以後幾位住在國際森林道場的僧眾到城裡面與隆波一起用餐，他把話傳回來：他不會在違背我的意願的情形下把我留在那兒。

我完成我為僧眾讀律藏的一個段落，再一次要向隆波告別。當我前去見他的時候，他若無其事地問，在做什麼？你要留下來把雨安居過完，對吧？可是我堅持並提醒他，他已經說了我可以走。於是他說他過幾天會到國際森林道場，我可以那時候跟他正式告別。總之，他巧妙地又一次閃避我，可是終點已經在望了。

有兩個晚上我逗留在大殿，捧著香燭的盤子，可是他開示到很晚，我沒有機會去做這個儀式。最後他說，我們在他離開前的早上可以一起向他禮謝求懺悔。

最後早餐終於來臨了。我們默默吃著時，他叫我的名字。「當你去到淨居勝寺的時候，你要怎麼跟副僧王說你要在雨安居中間還

俗？」我說我會告訴他事情的經過，隆波建議再試三個月，可是情況並沒好轉。「呼吸有困難。」隆波說。我們又繼續吃著飯。

「法拉般若！」

「是的。」

「當你去到曼谷還俗之後，拍一張照寄給我們。」

「好的。」

「拍一張跟你『伴侶』的合照。」這話引來齋堂一場大笑，可能幾位比丘還被食物嗆到，之後他便讓我們平靜用餐。

我們做了祈求原諒我們在身口意所犯過失的儀式。他非常溫柔地說他很難過看到我離開：「好像斷了條手臂。」然後他叫我把一切痛苦丟到大海去，把好的保留住，把不好的去除掉。當他走向車子的時候，他轉過身伸出他的手。「握握手，」他說道：「我們從沒握過手。」我猜他在英國學的。

之後，當我反思此事時，我明白他是如何地到最後一刻都不讓我好過，可是當他讓我走的時候，他給了我他的祝福。我感到他在每一個層面都做得周全。

那天晚上我向大眾僧告別，告訴他們我希望他們能留在那兒並修到開悟，不要像我現在所做的那樣離開。確實，我當時感覺我必須離開勝過我想要離開。隔天晚上我搭火車到曼谷去，我下車到梅葆的家，那兒的每個人都已經知道這件事，隆波最近來參加王后的慶生會曾到她那兒。我感到跟居士們談說此事有些不自在，他們曾

經那麼虔誠地護持過我，可是他們都很包容。梅葆說她問過隆波我能不能被說服而改變心意，隆波說已經太晚了，他已經走了。之後她告訴我泰國有一句諺語說，三件事無法阻擋：要如廁之人、要生產的女人及要還俗的比丘。

之後我到淨居勝寺去，在那兒我見到副僧王，他告訴我要找幾位比丘，並於外國僧眾的住宿區進行，其儀式比出家時簡單多了，我以巴利語及泰語讀著一段行文：「大德們，我今捨此學處；汝等當視我爲居士。」當我穿上長褲及襯衫時，一點也不感覺怪。我受了五戒並決定休息。

當我下決定要還俗時，我在春武里（Chonburi）與一位澳洲的比丘在一起，我跟他討論。他說：「有時候我也想要還俗，然後我就想我要做什麼呢？我會穿上長褲並走到街上……可能我會吃一碗「湯麵」……然後我要做什麼呢？」因此第二天，我穿上長褲並走到街上，我倒是吃了一盤炒飯，吃得不太撐而且吃完後也不太昏沉，感覺很好。我在曼谷又待了兩個星期，接受針灸治療，安排機票，然後我到加州去，那兒有位老朋友給我一個地方住及一份工作做，並會見一個禪修的僧團。我完全沒有意願再繼續停留在泰國。當然，我也不知道「那兒」有何可期待的，可是我感到一些來自我所受到的訓練之信心。我知道我會持續禪修，不管在任何的環境下，我想隆波爲我奠定的基礎會幫助我繼續走在正路上。

原註

❶ 第二安居：安居，雨安居，可以正式地由比丘決定在陰曆八月十五或九月十五那一天開始，後者稱為第二安居。

譯註

① 大宗派與法宗派：參見本書第四章譯註③。

② 舍利弗（Sariputta）出家的故事參見巴利佛典【佛陀的聖弟子傳】① 《佛法大將舍利弗‧神通大師目犍連》，頁61-70。

③ 解脫自在園（Wat Suan Moke）：佛使比丘成立於森林的禪修中心，位於曼谷南方六百四十公里。

④ 波羅夷（Parajika）：或譯為「斷頭罪」、「驅擯罪」，比丘有四條，是僧伽的根本重罪，犯者立刻逐出僧團，如殺人、偷盜、行淫、妄稱得道。

第八章 西方弘法

「為了要認識現實的眞實性，

沒有任何方法比培養對上師強烈熾誠的信心，

並且完全依止他更好。」

阿姜查攝於一九七九年來美訪問時

（一九八九年，夏天）

我還俗時是一九七七年九月，一直到一九七九年五月才與
隆波有一個短暫卻獨特的會面，之後在一九八一年十二
月，他手術後不久又有另一次見面。所以明顯地，在這段期間，其
他人可以提供很多事。我知道每轉到他的茅篷或跟隨他出去托缽，
像我無數次所做過的那樣，總是可以得到很多有趣的故事，佛法的
要點，或整個開示，那些我可能很輕易就錯過了。單單他來到美國
這一件事，他所給的教導就可以出成一本書，很多的指導在那個情
境下是獨特的。有一天我相信會有一本「正式的」傳記被整理出
來；希望別人提供資料。

過著純淨的生活
在世間創造出一股道德力量

我在家的生活經驗在這兒並不重要，除了可能我對阿姜查的恭
敬持續地在增長，我持續地在修行之外。我感覺我在巴蓬寺的訓練
是一個基礎，使我能夠修學其他宗派的佛教。這時候除了與自己排
定計劃之外，我不必跟任何人商定和議，不過我心中有個盤算，大
概還要有另一個五年的計劃，也就是說，忍受著箇中的起伏而不直
接奔回寺院或陷入某種像事業或婚姻等的東西裡。

當我出家的時候，我經常收到一位朋友從故鄉寫來的信，他正

努力在家修行，並不停讚歎我的美好、貢獻及其他我敢肯定我並不具有的美德。可是在還俗並爬出了戰壕之後，我也開始以很高的敬意想起那些出家人，倒不見得是因為他們個自的美德，而是因為他們過著一種純淨的生活，在世間創造出一股道德力量，並為他人激發信心以及樹立良好的楷範。

偶爾我會見到傑克‧康菲爾德，我們保持聯繫因為我們兩個人都有各自翻譯的阿姜查的教導，而傑克很想將其中一部份印刷出版。他也希望請隆波來美國。在一九七九年五月我收到一封電報，說隆波很快就要跟阿姜帕巴凱洛抵達西雅圖。傑克安排我擔任侍者跟他們一起旅行，因此我在他們抵達的前一天飛到西雅圖。

隔一天晚上我與開普爾一家人（Kappel，帕巴凱洛的家人）一起去機場，感到喜悅、誠敬與顫慄混和的感覺，當地有一群修內觀的人也到那兒跟我們會合。飛機降落了，所有的乘客都走出來到抵達區，可是卻沒有隆波。幾分鐘之後他出現了，以他自己的速度走著，我走上前去跪下，他以寮國語問道：「你還俗了嗎？」我不知該如何作答，他重複一次，之後說他要去上廁所。阿姜帕巴凱洛與我陪著他去，當他進去之後，他嚴肅的臉消失了並開始歇斯底里地大笑，手指著我並笑個不停。

別人或以花或合掌向他表示歡迎，之後便同意我們一起回開普爾的家來個短暫的團聚。上了茶，他跟他們談了一陣子的話，我們開始計劃邀誰來用餐，公開演講，及禪修指導。時間已經晚了，他

們又是從波士頓飛過來的，因此人們離去後，我們上樓去準備隆波的寮房。他坐在一張椅子上看著我們，很快地他把我叫過去。我走過去坐在他腳下，立刻他又開始了他的訓斥。以他最粗暴的寮國語問我現在在做什麼，根本不等我那張鈍舌吞吐出什麼答案，他只是取笑我。「回到森林去像我這樣子修，遠離女人及所有的困惑……。」

一位非常慈悲的老師
才會甘願弄得人們去恨他

　　後面的幾天就像這樣，我試著告訴他我並沒有放棄修行，以及我正在跟一位禪宗的師父修行；他會不斷問我禪是什麼，並取笑我的答案。他告訴我應該受八戒，可是那對我並沒有什麼吸引力，之後他要開普爾的家人在下午之後不要給我東西吃。總之，他的脾氣之壞可說是登峰造極了，我一時以為我所認識的那位智慧、慈悲、而又幽默的大師已經走了，我真的開始想是否這便是阿姜查所剩餘的全貌，一個很難相處，心胸狹隘的「小乘學者」。我真的跟這個傢伙共住了那些年嗎？然後我想起來我還計劃要寫一本有關他的書，可是在那個時候我所能想的只是要離開他。

　　幾天以後我們到開普爾位於史帝文生路的家，在西雅圖郊外，一個很大的木屋，依傍著河，在一座安靜的林子裡。他仍令人受不

了，所以我打電話給修內觀的那些人，邀請他們有一天來並供養餐飲，心想我可以跟他們一起躲避，至少有幾天的抽離。

一天晚上開普爾一家人出去，我們點了火圍坐著喝茶。又一次他問道：「禪宗教些什麼？」我說一個人自己的開悟不是修學的目的，因為一個人還必須解脫別的眾生。「菩薩。」他於是說，接著給菩提願一個非常正確的描述。他用了一個我在別的地方聽見過的譬喻，他說，阿羅漢，就像一個人完成了高中學業，可是菩薩則繼續去修到博士學位。有了高中的教育，一個人可以料理得不錯，他卻不能得到博士才有的名聲及地位，可是他對自己的所得很知足。「只要那個人斷了疑惑，還能夠留駐在這個世間，很好。」他說，意指菩薩。

突然間那些壞脾氣不見了。他又是隆波了，從帽子裡拎出兔子，給他獨特的教導，並令我大笑。甚至阿姜帕巴凱洛也放鬆了一點，雖然在過去我們一起合作幹了些壞事，現在他是住持了，而且誠實不欺，當隆波把我打倒在地的時候，他就來踹我幾腳。

了不起的演員！我完全被矇騙了，我相信很多其他的人也有過這種經驗：「隆波」消失了，一位惡劣的老人取代其位子。有一位比丘告訴我他第一次在巴蓬寺誦波羅提木叉，當他一開始舌頭打結，隆波就開始施展其他慣有的伎倆：在後面扯他的袈裟，開玩笑，開始跟坐在他附近的比丘聊天，因此破壞了專注力與記憶力，以及最後的那片點自尊。這位比丘說在那個時候：「他便不再是隆

波了，他只不過是個胖老頭拉扯著我的袈裟。」一位泰國比丘有一次告訴我，在用完餐以後坐在齋堂是多麼艱難。雖然那不是每天必定會上演的，可是偶爾隆波會把我們留在那兒，他自顧地跟居士說話或與資深比丘開玩笑。當然他覺知到每個人的不耐煩，可是他好像若無其事，似乎他忘記我們也在場。「當他讓我們坐在那兒的時候，對我來說他就不再是隆波了，我只感受到忿怒。」當我看到在西方弘化的老師，通常他們不會說任何人們不同意的話。我開始想，會甘願弄得人們去恨他的老師，一定具有很大的慈悲。

　　因此現在他很專注地詢問我在做什麼，現在如何觀察世間的事，我也有機會問他在修行大乘佛法中碰到的問題，為臨終的人服務，對佛法移植到西方社會的觀察。

對臨終者付出關懷的人
能藉由思惟病與死的眞理而得益

　　雖然可能除了《六祖壇經》之外，他從來沒有讀過大乘的經典，但他對大乘佛法的原理至少可以說得上是非常敏銳。這讓我想到在那些年裡如果我們知道如何發問，可能會從他那裡聽到多少我們沒有聽到的東西。在他來訪的時候，對臨終者的關懷是一個流行的題目，對此，他說好處大多在於對臨終者付出關懷的人，藉由思惟病與死的眞理而得到利益，而不是那些我們要拜訪或幫助的人。

在此之前我曾抱有強烈的疑問，認為試著寬慰臨終者可能干擾自我消融的過程，而這一個過程可以有真正的智慧產生。另外關於臨終者在死亡的歷程中一直抗拒或充滿恐懼，卻在最後時刻實現了平靜與安詳，這樣的美妙敘述也似乎與業感因果不一致。隆波說我們不太能夠影響臨終者的心態，不論是朝好的一面或壞的一面。他拿起他的手杖並戳著我的胸膛說，如果這是一根熱鐵棒的話，而我正拿著它來戳你，然後我用另一隻手遞一個糖果給你，這顆糖可以分散你多少注意力？他也說，單單觀察他們很難知道他們在死亡的時候正經歷些什麼。我告訴他那些克服死亡的人所論及的改變，他們如何平靜微笑而去。他說：「當豬被帶到屠宰場的時候，他們直到最後一刻也都是微笑著的。我們能說豬都證涅槃了嗎？」

他強調我們當然應以愛心和慈悲心對待臨死的人，並盡己所能照顧他們，可是如果我們不向內觀察，思惟我們自己不可避免的死亡，那麼這種事對我們的利益就非常少。無一刻不在的死亡這個主題，他在這趟旅行中還一再回過頭來論述。

之後我回想起此事，我懷疑他是不是在用惡劣的行徑來測試我。在面對他的批評、取笑及否定時，我感覺一定要堅持我的立場，即在家修行。它也幫忙切斷了殘留下來的對出家生活的渴望。或許他看出我內心的分裂，而試圖強迫我將之撥正。這便是我的禪宗師父後來聽到此事時的即刻回應。

隆波也非常疲倦，在第一個星期前後睡得很多。當然我知道他

在泰國時很少有眞正的休息，可是他似乎疲倦到令我懷疑他已經進入暮年，再也沒有教導人們的體力。他看來很滿意於在晚上坐著跟我們兩個人分享佛法。有的晚上他會叫我們打開電視機，之後便安靜坐著，看著那些他完全不懂的爛節目與廣告。可是不久他便很有精神地教導，可能他是看到人們眞正的感興趣，我想也可能他的身體還沒有失掉那曾經令人驚奇的恢復力，再說他所得到的休息也眞正幫助了他。因此我開始看出當他看電視，和在這地區旅途中觀察人們的時候，都在吸收有關西方生活的知識。有時候他會點出某個確切的事情來說明他的教學，其他時候，他只是提出總結，像說：「西方人實在可憐。」或「他們眞想在社會上什麼都試上一下。」

我們只能做到這麼一丁點
這樣就足夠了

我們得以借用鄰居的房子幾天，有一天晚上我單獨與隆波在一起時，帕巴凱洛與他的家人來訪。他坐在一張有扶手的椅子上說：「讓我們來修定。」我坐到他旁邊的地板上，不知道他是醒著還是睡著了；感覺他身上好像沒有什麼精力散發出來。最後，他動了動，我們便開始說話。他談話時通常是這樣開始的：「法拉般若，你的看法如何？」接下來便是像：「我們應如何在這兒弘揚佛法？」他說對於他在西方所看到的幾位老師，並沒有太深的印象，因爲雖然

他們教導人們怎麼禪修的方法，他們沒有挑戰人們（「刺他們的心」我想他是這麼說的），沒有探觸到事情的根。這話使我想到佐佐木禪師（Sasaki Roshi），他曾經說，這兒的人喜歡禪修可是對大乘禪還沒有興趣，當人們問他對於禪在西方的看法時，他說就他所知，禪還沒有來到西方。

我告訴他有些老師給學生的思想之一，是因為每個東西都是空的，所以實際上並沒有什麼可以執著與痛苦的。隆波說，你不能這樣做，你必須用通俗的方法。我說很多人挑戰說，因為心從本以來就是清淨的，因為我們都具有佛性，修行是不必要的。他的回答是：「你有某個東西，譬如說這個盤子，本來是乾淨的，我過來丟了一些糞在上面，你會說：『這個盤子本來是乾淨的，所以我現在不必做任何動作去清洗它嗎？』」另一次我告訴他，人們如何認為自己很快樂，因此不想要修行。他說，如果一個孩子不要上學而告訴他們的父母：「沒關係，我這樣很好。」這樣是對的嗎？還有人說苦也是佛法，所以也是好的，因此我們應該「尊敬」它，而不要去袪除它。他說：「好，那麼我要告訴他們，不要放開它，要持續地抓緊它，看看那種感覺像什麼。」他承認涅槃與生死輪迴是不可分的，好像手心與手背，可是人必須把手翻過來。最後他說如果人們只是喜愛雄辯，卻不想要信服真理：「那就讓他們這樣吧。看他們會走到那裡去？」意思是，那些人必須親眼見到真相才行。

他說當他遇見內觀的老師穆寧拉（Munindra）時，曾提供了一些

教學的建議。爲了要直探核心而不把人嚇跑，有必要讓他們放鬆一些。不要稱所教的爲佛教──它只不過是法、眞理。告訴他們：「這不是我的意見。」「請原諒我這麼說等。」討論跟人們有關的事情，可是不要太直接點出缺點。譬如說，飲酒：你可以說，如果「某個人」喝酒，那會給他們一些快感，可是⋯⋯或「我以前也做這種事，直到我看到它在人身上所造成的害處爲止。」當然教西方人不止只有這個問題。他好幾次提到在泰國教導人們也是困難的，同時經常說：「我不再知道應該跟誰說話了。」確實，當時間長了以後，他似乎對教導西方人感到興趣，又一次他說到感到自己像一隻被鎖住的猴子，人們只爲了娛樂的目的來看望他。而且他反覆用泰國佛教如一棵老樹爲譬喻，它可能看起來很莊嚴可是只能結很小很酸的果實。他看西方的佛教如一株年輕的樹，還不能結果，但是有潛力。

　　我再一次問到他關於菩提願的事，《維摩詰經》中有這樣的說法：「雖然超越了執著，而菩薩爲留在世間利益眾生的緣故，而不切斷煩惱流。」隆波說那不是在說心本身，而是心的作用。這就好像在問：「你想要這個嗎？」

　　「不要。」

　　「你喜歡它嗎？」

　　「是的。」

　　「你想要它嗎？」

「不要。」

「它漂亮嗎？」

「漂亮。」

「那麼你想要它嗎？」

「不要。」

而他真的不想要它，他不只是說說而已，隆波補充道。

當我說菩薩的思想很深刻，他說：「不要這麼想。認為有深有淺，有長有短的是你的心。它並沒多大的意義，是你心中的疑惑把你困在裡面。」

我們應該首先度盡世人使之皆入涅槃嗎？「佛陀成道後並沒有就丟下我們，而是留下來幫助別的人得到解脫。可是我們只能做到這麼一丁點，這樣就足夠了。如果我們現在就把世間的每一個眾生都度盡了，那麼下一位佛就沒有一個世界可以下生了。」當我問阿姜查，下一生會不會再回來教化，他說：「不會，我好累，教了一輩子已經夠了。」他說得像當真的似的。

你不可能要某個人敲你的頭
而令你開悟

離開了寺院及泰國社會的環境，我們不必守著所有日常的規矩，這點也是這讓趟旅行很特別的原因。他常常以不拘禮節的第一

人稱代名詞跟我說話，有時候我懷疑當我坐在他前面時，他會看到法拉般若仍穿著他的袈裟。

　　我與西雅圖的人做了所有的安排，一天早上我負責廚房工作，而開普爾一家人那天出門，居士們出來供養食物。隆波問道，今天的大廚（「廚房媽媽」）是誰，當我說是我的時候，他以懷疑吃驚的神情說：「你會煮啊？」我想要他想像我做著那些世俗的事是困難的。

　　那個時候我並沒有覺察到這件事，可是那個早上隆波感到非常沮喪。前一天晚上他看到幾本女性雜誌，看到這般墮落的情景他感到很深的悲憫並摻雜著絕望之感，那些行為顯示出很大的無知。那天早上當他與阿姜帕巴凱洛坐在草地上，他說到他們或許應該放棄此行的其他行程，回家去吧；那些人怎麼能教呢？之後一些年輕的西方人出現，他們來供養食物並聽取教誡。此舉大大點亮了他的看法，從那個時刻起他開始以真正的熱誠教導。

　　那晚我跟他單獨相處，他說這一趟旅行他只要告訴人們要靜坐並做正式的禪修練習，我告訴他這正是大部份的禪師所做的。可是當他真正開始跟人們說法時，其內容卻大不相同。

　　餐後我們一起靜坐，然後他回答問題。對那些問題及其答案我沒有記住很多。從大體上說，他在教導正思惟。他說很多人禪修的方法就像一個被抓的賊請一個精明的律師幫忙他擺脫麻煩一樣。一旦放出來，他又開始偷。隆波也譬喻一個被打得遍體鱗傷的拳擊

手，療癒他的傷口，之後又再去打，那只會帶給他新的傷而已。這種輪迴沒有止盡。靜坐的目的並不在於偶爾將自己平靜下來，讓我們脫離麻煩，而是看到製造麻煩並令我們不平靜的根源，並將它連根拔起。

他察覺到人們從一個老師換到另一個老師，一個法門換到另一個法門，他反覆告訴人們智慧並不由獲得很多知識或嘗試很多不同的禪修法門而來，而是透過理解核心要點並修習它。他講到一個在佛世時代的行腳僧，他聽聞到一個老師，前往見他，之後便開始修他的法，後來又聽說別的地方的一位老師，他會找到這位老師並修他的法，直到別的人告訴他有其他的老師被認為非常偉大，因此他又走了。最後他來到佛陀那兒，說到他對這些感到很困惑也很疲勞。佛陀告訴他：「把過去的放下，不要預期將來，專注思惟觀察現前當下生起滅去的。」透過這樣的修習，這位行腳僧終於斷了疑惑。

隆波也強調耐心，有一個人問到入流，開悟的第一階段。他回答說當然人修行是要開悟，譬如入流（泰語為「跌入此流」），可是那要有耐力。如果那種事很容易的話，那麼每個人都在修練了。他說：「我從八歲開始便往寺院裡去，我已經出家超過四十年。你們外國人想要靜坐一兩個晚上就直達涅槃……。他不是只是坐下來便跌入此流，你不可能要某個人敲你的頭而令你開悟。」

耐心地好好認識苦及苦的因
然後才能徹底棄捨它們

　　當他聽到我偶爾為他翻譯出來的大乘經典片段時，他似乎很興奮，常常說那是很深的智慧，不過偶爾他會回過來向我挑戰，提醒我不要滿足於觀念性的知識。有一次當我說，根據大乘佛法，阿羅漢只走了一半的路，他問道：「有沒有誰走了全程的？」當我說舍利弗，在巴利經典中象徵智慧的人物，在許多大乘經典中變成一個愚痴的人，他說：「那些讀這些書的人才是真正的愚痴人。」不用說，我肯定他不是在毀謗這些經典，只不過刺一刺那些只抓取文字卻不體驗其深義的人。談到《金剛經》，我說道：「經上說：『若見諸相非相，即見如來。』」這話使得他很嚴厲地垂視著我並說：「哦，是嗎？」不止一次他問我知不知道這些經是誰寫的。嗯，他們說是佛陀。「你知道佛陀是誰嗎？」他質問我。我只能三緘其口。

　　因此到這時，我已很開心而且不想逃避他了。人們回西雅圖時沒帶走我，我們在史帝文山路那兒又多待了幾天，吃著大餐，出去散步，偶爾一起靜坐，晚上便閒聊。他似乎對我以在家身份修行以及我對事物的觀點很感興趣。他開始說我真的很難猜透，我既不是出家人也不是在家人。（「他看起來像個在家人可是他卻不像在家人那樣思惟；他的想法像個出家人可是他卻不是出家人。」）他說現前處在這種中間狀態是可以的──如果我還是繼續如此剃頭的話。「不

要急於袪除你的煩惱。」有一次他跟我說。我問說爲什麼，他說我應該耐心地好好認識苦及苦的因，然後我才能徹底棄捨它們，正如你慢慢地、徹底地咀嚼你的食物，它就比較容易被消化。

當我們回到西雅圖，全部的行程都排滿了，其中之一是到溫哥華一趟。當然他比剛抵達的時候精神好多了，可是有一位到史帝文山路來的人建議他到西雅圖去看一位中醫師。我們去了，但並不期待太多，而他給了隆波一些中藥，很快地將隆波轉變成一個活力十足的人。

他在西雅圖做了一場公開的演講，在貴格中心，講的多是戒的問題，他一開始便以慈悲的方式責備在場的每個人，有點像：「現在你知道你不該做你做的那些事了吧。」我感到有些訝異，當然就不像講禪修、空性等的話題那麼精彩有趣，可是時間慢慢地過，我看到他一再地回到這個要點上，我開始明白其中的意義。在往後的幾個月乃至幾年裡，我愈來愈覺得他是多麼準確。我想到那是他告訴人們要對教禪坐的老師有所鑒別的開始。在接下來的說法與談話中，他在這題目上說得更加詳細。他說在「僅僅會打坐並一邊教人」和「將修行融在整個生活中，而做到生活和正法無二」，這二者之間存在著根本的差距。他覺得那些沒有眞正解脫貪欲的人，自然會根據自己的意見教導人們，從而非常縱容他們學生的習慣與欲望。

接著是問答時間，之後放映介紹巴篷寺的《正覺之路》（*The Mindful Way*，由大英廣播電台製作）影片。隨後，在我們準備離開

的時候，有幾個人走上前來請教。某個人說身為在家人，我們不能保持將男女眾分開，如比丘與八戒女分開那樣，我們被迫要處理異性。隆波回答說應該要有友誼與慈悲才好，不過那應該建立在法的基礎上，而非在欲望上。他也說有了出家人的戒律，在男女眾之間保持一些距離，我們才能有真正的愛與尊重。又有人問及五戒的各個層面，他給了非常直接而且不含糊的回答，包括一些我沒有聽過的說法。戒法中關於不邪淫與不用迷醉物有很多令人困惑的地方，經常也被含糊解釋。很多人認為用迷醉物是可以的，只要不要到醉的程度（不論這話的意指為何）。隆波說如果一個人是個慣竊，你不會把誘惑物放置在他的眼前。致人迷醉的東西，其本性便是引生行為不檢，那麼為什麼還要用它一點點呢？至於正淫與邪淫，他說如果一個人可以自制的話，不淫對修行人是最好的，如果不行，人應該知足於自己的伴侶。「你必須想到，一個太太或一個先生已經超過你能吃的了，那麼為什麼你還要好幾個伴侶呢？」（不過，當時我們決定不要把全部的內容翻譯出來。）

了解念頭是無常的
念頭不是你

隆波被請到當地修內觀的家庭聚會用餐，之後在那兒帶禪坐並開示佛法。一天晚上我們也前去參加禪坐及一堂精彩的問答，他把

止禪（修定）譬喻爲把雞放在籠子裡，雞在籠子裡不能靜下來，不能躺下，也不能死去。牠四處走動，可是牠的行動受到限制，牠可以被控制及被觀察。他建議如果心靜下來之後便去觀察身，如果念頭很多，可用好多方法處理它，譬如用遍一切處禪觀法①，修的時候把你的注意力固定於一個有顏色的圓盤或蠟燭的光焰上直到你閉上眼睛仍能見到它。擴大並縮小它，並能以它來燒掉任何的東西。

或者你就任著念頭跑，你只是注意它即可。你靜坐時，它溜到別人的房子去——問它：「你帶回來什麼？」了解它是無常的。它不是你。它何時曾經是你呢？你還要等待多久它才會成爲你呢？你不必知道很多，他說道，只要觀察現前出現的那個東西，直到捨貪在心中生起，這樣你就可以放下五蘊。這才是修行的目的。

有人問道，靈魂眞正的根底是什麼？他回答說，看透靈魂（我）本無。有一個問題是如何處理情欲。一個人可不可以集中心力於身體的能量上，並用這種方式來看穿它，或用這個能量去開悟？隆波只建議放下它，不要以任何理由執取它。無欲的能量，他說道，比起愛欲的能量更強大。

然後他做了個總結，我們的生命只是一堆元素的集合，我們用世俗的方法去描述事情，可是我們執著於世俗，把它視爲眞實的。譬如說，人和東西被安上名字。我們可以回到初開始的時候，在名字還沒被安上去的時候，把男人叫爲女人，把女人叫爲男人——會有什麼差別嗎？可是我們現在執著於名字與概念，所以我們有性別的

戰爭及其他的戰爭。禪修便是要人看透這一切；然後我們可以達到不生的境地及和平，而非在戰火中。

教導他人
必須找到善巧方法保護他們的自尊

有些泰國人邀請隆波到溫哥華，所以我們開車到那兒並待了兩個晚上。他在一所大學公開演講，連續兩個晚上都有人來到我們下榻的公寓，而他跟他們說法直到十一或十二點。當他們走了以後，他跟我們說話直到凌晨三點鐘。那些中藥確實對他很有效，他不僅精力非常充沛，而且我從他那兒所聽到最微妙的法很多是出自於那些較晚的時段。大部份的時間他半閉著眼睛，並不針對任何特定的人而說；更像是在顯露他的覺知之流。

第二個晚上尤其特別，我之前本想到要請教他關於《法華經》，經中佛陀點出他的教化及出現於世的終極意義及目的。可是當隆波在說法時，他似乎回答了我的問題；感覺上那部經的法被重新演說了一次。他不斷說：「我不曉得要對誰說明這件事。」他說道：「我們談到要培養的東西，要放捨的東西，可是沒有要培養的東西，沒有要放捨的東西。」他說這句話的神態，不很清楚他是在指自己而說，還是只是對究竟真理的看法的一個泛論，不過他確實似乎知道他自己在說什麼。他提到阿羅漢，並說：「阿羅漢真的不同於一

般人。」然後他羞怯地補充道：「當然我們今天見不到阿羅漢了，可是我遵照書上所說。」然後他說那些對我們看來很真實或很有價值的東西，在阿羅漢看來是虛幻而且一點價值都沒有。試圖引起一個阿羅漢對世間的東西感興趣，就好像想以鉛與黃金交換一樣，我們以為，這兒有一整堆的鉛，為什麼他不想要把他那塊黃金，那小得很的一塊，拿來交易呢？

他也回到教導他人這個主題上，你必須找到善巧的方法保護他們的自尊，讓他們認為他們靠自己了解到這些，並這樣稱讚他們，好像老師與這件事一點關係都沒。他提到一位喜愛釣魚的居士。有一天他告訴這個人：「我今天真的感覺奇怪。昨天晚上我做了一個夢，我是一條魚，我吞下了一個魚鉤，在痛苦中我慢慢死掉……。」這位居士開始思惟這件事，最後便放棄了釣魚。然後隆波會讚歎他並說道：「這位居士自己明白了真理，他放棄了不善的行為，透過自己的智慧修善，他不需要老師。」這些是你在教導人們時必須做到的地步，他告訴我們。有些人我們根本不能教。「我試圖尋找一些法給他們，可是什麼也找不到。我不知道什麼緣故——或許是那個人的業吧。」他說他沒興趣跟沒有慧根的人爭辯：「那就好像一個有錢人挑戰一個窮光蛋。」

事實上，他的敏感足以使他先緩和那些可能跟他爭論的人。舉個簡單的實例，有些美國兵到巴蓬寺來，我們坐在隆波的茅篷裡，其中有一個人打了蚊子。當我跟他說我們在寺院裡不殺任何生物，

他很吃驚並說，可是，這只是蚊子啊！我說牠們也有神識而且不想要痛苦或死亡。「你不可能真相信這檔子事吧，是嗎？」他不敢相信也同時有些不高興地說，我認為在那個時候根本不可能說服他，可是隆波只是問他，以一個有趣的方式，是否可以把所有的蚊子都打死呢。這倒出乎他的意料，於是他承認說：「不行，我想我做不到。」

　　隆波在那些晚上顯現得特別有精力。我們因為坐得太久而感到疼痛，而阿姜帕巴凱洛與那個加入我們行列的加拿大籍比丘開始在椅子上打瞌睡，直到隆波以非常滑稽的事情把我們喚醒過來。他談到西方的宗教並說道：「這裡的人信奉基督……聖誕老人！他穿上服裝，孩子們坐在他的腿上，然後他說：『你喜歡什麼？』」之後他演了一齣聖誕老人的啞劇，使我們笑破了肚皮。

最重要的事
是放棄一切去修學佛法

　　在早些天的某個晚上，他與來訪的人談論到死亡。他察覺到西方社會的人如何抓取人生與青春。他說：「假設有一個算命的人，他可以準確算出一百個人的死期，他說：『法拉般若在七內之內就要死了。』你能睡得著嗎？我保證你會出家並日夜禪修。事實上，我們都面對執刑者，那是肯定的。」他說他常常喝斥他在泰國的在

家弟子，因爲他們一輩子都從出家人那兒聽到這種話，可是當他們生病的時候，他們驚怕，如果某個人死了，他們就難過。他說：「如果你曾經好好訓練過自己，就不該有恐懼，不該有悲傷。當你進醫院接受治療的時候，下個決定：『如果我好起來，那很好；如果我死了，那也很好。』我向你保證，如果醫生跟我說：『隆波，你得了癌症，在幾個月內你就會死。』我不會有任何問題。我會提醒醫生：『小心，它（即死亡）也會來帶你走的，問題只是誰先走誰後走而已。』」他說每一個人現在都怕癌症，如果一個人被診斷出得了癌症，他的家人甚至不想讓他知道，每一個人都放棄了希望。他說有一次幾位想尋求癌症解藥的醫學研究員找他，他說：「這些醫生不可能預防死亡或治療死亡，只有佛陀才是那種醫生，爲什麼我們不用佛陀的藥呢？如果你害怕像癌症那樣的疾病，如果你怕死，你應該思惟，這些東西眞的打那兒來的？他們由生而來，所以當某人死的時候，別哭——那是自然的，他在這一生的苦結束了。如果你要哭，當人出生的時候才該哭呢：『哦，老天，他們又來了，他們要再度受苦及再度死亡。』」

他說，最重要的事，是放棄一切去修學佛法。「每一個人最愛的是什麼呢？他們自己的生命。我們可以爲生命犧牲一切；如果我們可以把生命奉獻給佛法，我們就沒有問題了。」

覺知「無常、苦、無我」
會變得更精進

　　幾位住在西雅圖的泰國人請他吃飯。在餐點開始前，他坐在屋子裡，他跟人們談論到他這趟旅行並回答了幾個問題。有一位不幸的泰國年輕人在場，他受了太多的現代「教育」，他提出了幾個重要的問題。覺知「無常、苦、無我」會不會讓人放棄奮鬥而變得懶惰呢？隆波說事實正相反，他會變得更精進，雖然做事可是不會執著，只從事有利益的事。可是這個人接下去，如果每個人都修學佛法的話，這世界就什麼都做不成了；如果每個人都開悟了，就沒有人生孩子，人類就要絕種了。隆波告訴他，這簡直就像一隻蚯蚓憂慮著泥土會被消耗光了一樣。另一次，當我告訴他西方人非常「聰明」，他們不能接受佛法的一些原理，他說：「我曾經問過一些有學問的人他們是否見過一種叫馬陸②的動物，牠有很多腳，可是牠可以跑得多快呢？牠能夠跑得比雞還快嗎？而雞卻只有兩條腿，為什麼擁有這麼多腿的動物甚至還跑不過雞呢？」

　　用完餐，隆波講了一個開示，就有人問到空性。隆波解釋空性是相對事物而有。因為現象本無實性，我們才說是空性。這跟我後來為他翻譯出來的《心經》所說的完全相同。

　　開普爾一家人在他們鄉下的小房子那兒，為阿姜帕巴凱洛安排了一個「接待會」，邀請老朋友及親戚參加。他們走的時候，我與隆

波留在家，後來在下午的時候，開普爾先生回來載我們，好讓隆波露一下面。那兒有一大群人，非常吵雜，我不習慣這種事，當我與隆波坐下時，他說道：「我不在這兒。」我問他他在哪裡，他回答說：「我不知道，可是我不在這兒。」我走進廚房想去取點食物，開普爾先生正在跟工作人員提到阿姜查：「我敢打賭這是你們第一次見到一個從未做過愛的男人。」這是他對這位大師的描述。

在短暫的停留之後我們便離開，回到房子裡，我試著躲開去靜坐，可是每一分鐘隆波就叫我，不是這件事便是那件事。最後我放棄，拿起錄音機來跟他坐到一處。他問起經常來探望他的那群人中的其中一位，一位我在聖塔克魯斯臨終關懷及內觀小組時認識的女士，她曾經告訴我，她覺得隆波所教的是對的，可是不可能在這個社會修習。他說，在泰國人們也用類似的論辯：「我很年輕所以我沒有機會去修；等我老的時候我會去修。」隆波問，你可以說「我很年輕所以我沒有時間去吃飯，等我老的時候我會去吃」嗎？他再拿起他的手杖戳著我並說道，這兒著火了，你會說「我在受苦，對的，可是因為我住在這個社會，所以我無法逃離它嗎？」凱瑟琳認為馬哈希法師③的方法比較適合，意即，偶爾參加密集式的禪修以期大的突破會帶來改變。我個人對這種方法抱著懷疑的態度。很多那樣的禪修行者在禪修課程之後並不修；雖然凱瑟琳試過，可是她感到這樣做的功效非常小。隆波最後說，兩種方法都是好的，如果他們徹底做的話。

　　我提到凱瑟琳的先生喜歡攀岩，她認為對他來講有如禪修。隆波問說：「當他在石頭上攀爬時，他看到四聖諦了嗎？」我說我不曉得，雖然很可能沒有。接著我說有時候我感到如果一個人全神貫注地做世間事，也是有深的專注，譬如說音樂家當他彈奏的時候，可能有禪定的氣氛出現，譬如心專於一境、輕安等，不過它是用在不善的一面而已。隆波只說：「沒的事……沒有人彈奏音樂時進入禪定……這些外國人！……你們這些人根本不知道禪定……。」

　　他又再度問到我禪宗的事情，於是我背誦《心經》給他聽，盡我所能做即席的翻譯，當我完成後，他說：「亦無空……亦無菩薩……。」他問我這部經從那兒來的，我說據說是佛陀說的。「亦無佛，」然後他說：「這經在講深奧的智慧，超越一切世俗。不過並不表示我們應忽略世俗。沒有世俗我們如何教呢？我們必須用名字來描述事情，不是嗎？」

隆波的修行方法
有很高的尊嚴蘊涵其中

　　隆波約於五月二十六日抵達西雅圖，我們在六月十日飛往紐約，接著前往位於麻省貝爾市傑克所創的中心。我已經花了很多時間答覆他關於地理的很多問題，可是他還是湊不起來。「我們現在在西雅圖，對吧？它是個城市還是州呢？我們接下來要去那兒？麻

省……它也在美國嗎？什麼是波士頓，它在紐約嗎？」開普爾一家人在看到阿姜帕巴凱洛離開的時候很自然感到悲傷，隆波給他們一個很棒的臨別開示，並請求原諒他行為的過失，開示真的很動人。如果他願意的話，他可以變得非常有魅力或有撫慰力。

在紐約我們沒有聲張地停留在我父母家，理論上他可以在那兒休息一下才前往貝爾去說法，貝爾已有超過一百個人參加「阿姜查的課」。可是幾位住在紐約的烏汶人前來探望他，他也前去探望另一位比丘的父母，並與我的親戚與鄰居交談。

當他從住於布魯克林那位比丘父母所住之處拜訪回來後，他說：「那個婦人真能說話，一直說一直說，其他人一句話都不必講。」他以前也如此說過其他的人，包括一位從泰國南部來巴蓬寺的著名阿姜。我在這兒離題，主要目的不在毀謗任何人，而是要指出，在我看來阿姜查與其他上座部的老師有很大的區別。

這位阿姜第一次來的時候，外表有些不搭調，到達時是提著一個手提包而不是缽。我記得當時隆波出門不在，這位阿姜幾個月以後再回來，說他想要學習戒律。他一到便開始說：「我帶了我的缽，我從缽中受食，我一天吃一餐。」他停留了幾天，正當他在一位比丘（其實就是從布魯克林來的那位比丘）的茅篷探訪之際，我遇到他。他似乎很努力要表現出對每件事都很熱心的樣子。一天晚上他在隆波的茅篷，我也去那邊希望能夠得到一瓶百事可樂。他跟隆波的談話剛剛結束，就說道：「我懂了，完全懂了，現在我可以

回到我的寺院，按照戒律來管理它。」他起身後離去，隆波於是說：「他必定非常興奮，他忘了喝他的百事可樂。」然後他笑出來並說：「他真能說；別人根本不必說話。」他隔一天離開了，雖然他原先說要停留兩星期，他停幾天後就走了。他明顯地知道他不被允許參加布薩，雖然他沒有持金錢，卻帶了一位比丘幫他拿錢。當誦完波羅提木叉後，隆波毫不含糊地提出這件事，說道那是一齣鬧劇，自己假裝在持戒，卻叫另外一個比丘幫你犯戒。

　　我必須補充一下，這位阿姜於布薩日早上為居士們開示，他真的迷倒了他們──他明顯地散發著慈悲。他可能有很高的體證，可是我認為他對戒律的態度，勾勒出隆波與那些在阿姜曼傳統之外的寺院，在修行方法上的根本區別。當然這並不只是關於金錢這一條，而是關於一個人如何看待戒律，是把它看為一個用以放下執著並制馭心意的工具呢，還是一個可以繞開，為一時方便就可以破例的東西。一般來說，這位阿姜比起隆波似乎就像一個男孩跟一個男人相比，它令我想到隆波的修行方法有很高的尊嚴蘊涵其中，這在其他地方，在那些想尋找捷徑，對佛陀制定的出家生活不理解如何運用的人們那裡找不到的。

不容置疑地顯現出
他就是菩薩的化身

當然我是偏向於阿姜查的。我理解對戒律的不同態度，也可以給出不錯的理由——譬如說，一九八七年我跟一位德國籍的老比丘有個討論，他就說：「戒條是給傻瓜定的，那些都不過是一般常識罷了；如果你能運用常識，你就不需要擔心戒條。」思惟了此事後，我認為如果一個人祛除了心靈上粗的躁動，能夠將自己一心投於禪修上，擔心行為的細節可能確實是多餘的。這實在是一個很大的課題。

我也感到他對於道、果、涅槃的看法與許多上座部出名的大師不同，它可能只是名相或風格的不同——對此我沒有資格斷定。他大部份的弟子都知道，他並不太談到涅槃，以及從須陀洹至阿羅漢的解脫層次之差別。有人問他「你是一位阿羅漢嗎？」的時候，他以譬喻自己為一棵樹來作答，這使我想起《金剛經》中佛陀問說：「須菩提，於意云何，阿羅漢能作是念：「我得阿羅漢道」不？」須菩提言：「不也，世尊。何以故？實無有法，名『阿羅漢』。」因為如果他有『我已得到什麼』這樣的想法的話，那就是執著有我，而非阿羅漢的境界。就是因為他沒有這種念頭所以他才被稱為「阿羅漢」。

當我看到許多修行人被許多老師講出來的得證之階層而變得瘋

狂，我不確定這究竟是方法上還是知見上的差異。我想再多加一個
附註，根據一些大乘的經典，「小乘」所得證的是不完整的，因為
其中仍有微細的自我感存在，也就是說，其中還有這麼一個人他脫
離了痛苦得到了解脫。我還是要說，如果有人知道如何發問，隆波
在解答時會說出什麼，是無法預料的；不過他以自己的一生無私為
他人服務的事實，不容置疑地顯現出他就是菩薩的化身，而且他一
再顯示出他對標籤及觀念這些只意味著有限的理解的東西毫無執
著。

應該思惟死亡
至少一天三次

　　當我們抵達貝爾的時候，禪修已經開始了。工作人員帶我們參
觀場地並看看我們的寮房，我因為要跟上隆波實在覺得要垮下來
了，所以當管理人告訴我我的房間就在隆波隔壁，他似乎有些吃驚
聽到我說：「哦，老天！我正期待去住他對面的那棟房子呢。」

　　禪修剩下的最後八天，他在下午的時候給集體小參，並給了幾
個晚間的開示，早上在用餐前，他會與工作人員談話，偶爾人們夜
間會到他的房間。這些都錄在錄音帶中，存放在貝爾。

　　他早上跟工作人員談話，很快建立了面對死亡的話題。當人們
進來，他會問：「你今天做了你的功課了嗎？」他告訴他們應該思

惟死亡④，至少一天三次，早上、中午、晚上各一次。「不要像波
（Po）那樣（他開始這樣叫我；那是泰語版的巴利語「菩提」，即覺
悟，常被用來命名），」他說道：「他只是四處走，他看看樹及鳥，
他吃他的午餐，他從來不思惟有一天他會死亡。」我成為他的配
角，有時候會以問題方式幫他提詞。我曾經告訴他，死亡這個觀念
通常很遙遠，如果我感受到某種危險，或許還比較真實些。「難道
你沒看到危險嗎？」他說道：「每一口氣。」我說我往往感到，對
我來說，死亡在遙遠的未來，我註定要活很長一段時間，一百年或
更長。「那是提婆達多⑤的智慧。」他回應道。

在集體小參的時候，他通常會對複雜的問題給予簡單而直接的
答案，他要人們把書本放在一邊，要依靠自己，要有決心與耐力。
有一個人問：「當我試著坐下來並觀察我的呼吸時，我的心便開始
跑，之後我的腿就疼，它又讓我想得更多……。你覺得我該怎麼處
理？」隆波說：「就是這樣處理。」人們大笑，可是他說，要真正
觀察心，把它看透，要明白身與心的狀態如何是無常與空性的。

人們會繼續談到，他們身為在家行者所面臨的各種困難，他
說，以在家身分修行是困難的，就好像試著在牢獄裡禪修，你坐下
剛要開始，就有獄官過來並大叫：「起來，走到那兒去。」他又以
坐在螞蟻窩上來譬喻：螞蟻正咬著人，這個人變得不舒服可是拒絕
起來移到別的地方去。或者你來到一位阿姜面前，手上捧著燙手的
東西，抱怨說：「阿姜，這實在很燙！」阿姜說：「那麼把它放

下。」然後你說：「我放不下它……可是我不要它那麼熱！」那麼這位阿姜能夠怎麼幫助你呢？他再一次強調追究到事物的根源去。假如你走路被一個樹樁絆到，你拿起斧頭來砍伐它，可是它再長出來，你又被它絆倒，因此你再砍伐一遍，可是它不斷長回來。你最好拿一個拖拉機把它連根拔起。我說：「我不曉得那兒去找拖拉機。」他回答說：「你必須找到它們從何而來。」總之，他說那就像問你自己，我今天該走嗎？我應該嗎？……也許我明天走……然後隔天，我該走，我該還是不該呢？你繼續這樣日復一日，直到你死掉，你從來沒走到任何地方。你必須這樣想，走！那就是了。

我們可以透過禪修
明白光明照射在世界的黑暗之上

有人問到世界的情況，我們是不是可以幫忙這個世界？或，這個世界還有沒有希望？他回答說：「你在問這個世界，你可知道世界是什麼？它只不過是感官器官與它所對的境，以及執著它們的無明而已。巴利語的世界叫loko，它意指黑暗；它的相反是aloko，指的是光明。我們可以透過禪修，明白光明照射在世界的黑暗之上。」

在西雅圖的時候，有人請他描述他如何準備好自己的心來禪修，他說：「我就只讓它維持在它原本的狀態。」在貝爾，有人請他談一談開悟；他可不可以描述他自己的悟境？在每個人專注等待

這個問題的答案時，隆波說：「開悟不是很難（懂），就像拿一根香蕉並把它塞進嘴裡——於是你就知道它的滋味是什麼了。」這回答幾乎把整個房子都掀翻了，我當時擔任翻譯，因此我補充說他顯然指你可以，而且只能自己去認識它，可是這回答讓我想到禪宗的故事裡，人們在看到花開的時候開悟了，因此他們偶爾可以拿香蕉試一試。

　　一天下午，那節課結束時，我正在拔掉錄音機的插頭，我碰到插頭的金屬片，因它卻仍插著電，我被電到並立即將它甩開。隆波注意到，他問說：「哦，為什麼你可以那麼容易就放下呢？誰告訴你的？」這個例子很貼切地說明了他所要教導的那些。

　　最後他告訴人們，他的寺院永遠歡迎他們，而且隨時可以去那兒待一陣子。他說，巴篷寺像是一個工廠。產品完成後就可以送到世界去，可是如果人遠離他們的家比較容易訓練。「波逃跑了，」他說道：「如果我年輕一點，我會扯著他的耳朵拉他回去。」

　　之前我聯絡了一位還俗的比丘，名叫吉姆，他大部份出家的時光是跟別的老師，不過他對隆波很推崇，我告訴他隆波會到貝爾，因此他前來並待了幾天。他曾做了好幾年很令人挫折的法宗派比丘，在拜訪巴篷寺幾次之後他決定留下來，可是僧團的政治卻不允許這麼做。我偶爾會見到他，雖然他成為居士後並不太修行，但我想他會想來見見隆波。他來的時候我們正在散步，他走到隆波前，跪下，並「合掌」。他很胖（雖然沒有我前一年見到的那麼胖），並

不是一個佛教修行人的形象，於是隆波立刻開始責備他，吉姆承認他已經遠離佛法，隆波指著我並說：「你為什麼不能像他那樣？他還俗可是還是精進修行。」我想那真是很可愛，想想他常常把我吊起來，作為不可仿效的模樣。可是吉姆謙虛地接受了批評，在他留下來的時間裡，隆波以他嚴苛的幽默與溫柔的建議影響他，他帶著他好久以來沒有感受到的鼓舞離去，謝謝我邀請他，並發願要修行。

　　那兒很多人說，阿姜查非常像他們所認識的禪宗師父。他經常提到相同的譬喻，那些過去及現在的大師所使用的，這個我倒是肯定他從來沒有讀過或聽過的。在中心，有一些人曾經跟過韓國的崇山禪師⑥，後來離開他去上座部學者中找尋新鮮的方法，可是現在阿姜查所教的正如他所教的。「你以為你遠離了它，可是不可能。」隆波笑著說。正當我們有一天在西雅圖市區開車繞的時候，隆波說這個城市的人像一隻狗，看到窗戶中自己的影像就興奮得很，以為那是另一條狗。這令我想起黃蘗禪師⑦的譬喻：一隻瘋狗對草上的風狂吠⑧，也就是說，以為看到某物，而其實那兒什麼事都沒發生。還想到一隻狗想到池塘喝水的譬喻，當牠走近時看到自己的影像，便從「水中的狗」那兒跑開。

　　總之，我想他對於西方修行者有個良好的印象，他可以看出這個社會如何瘋狂，而人們的困惑與苦惱如何深厚，可是我認為他很高興人們想要尋找出路的虔誠，而且他看到很大一群人在禪修中非

常用功。他說他很遺憾在年輕的時候沒有來，否則可以多做一點。有一次他做了一個神秘的聲明，他要在三十年內回來並建造一座寺院。

隆波開始在西方弘揚佛法
能參與其中多麼幸運

在禪修結束時，我們都做了懺悔的儀式。他說了些最後的勸言，傑克做了一個簡短的演講，他將隆波的來訪視為在西方開始弘揚佛法的一部份，並提醒我們能夠參與其中是多麼幸運。

崇山禪師也來訪，他們有兩次簡短的閒聊，雖然很尋常，但人們對於他們的會面有很好的感覺，隆波很喜歡崇山禪師的禪宗故事，他告訴崇山禪師一些他在寺院的生活，也傾聽崇山禪師談他在西方的經驗，我並不清楚隆波對他的感覺為何，因為他往往對其他老師心存懷疑，可是當他們離開時他誠懇地說：「但願你成為一棵大菩提樹，給這兒的很多人庇蔭。」很顯然地，崇山禪師對隆波的印象很好，因為從他後來為《寧靜的森林水池》一書寫引言可知。

崇山禪師說的故事之一，是說到一位禪宗的比丘，偷跑到一個講堂去，那兒正好有一位了不起的學者高談著一心。「一切都從一心而來。」這位學者這麼教導，比丘走向前並挑戰他：「你說一切都從一心而來，好吧，那你告訴我一心從何而來？」當這位老師無

法回答時，這位比丘便打他。隆波笑出來並說：「他該打，很好。」之後他重複這故事很多次，笑著說這個故事多好：「他不能回答這一心從何而來，所以他真的該打。」

　　隆波跟我在這一趟旅行中有很多愉快的共處時光。他會說這樣的話：「待在這兒跟法拉般若在一起不錯，或許我不回泰國了。」或「我不應該喜歡跟這種人在一起，不過我卻喜歡。」有個貝爾的人說我們兩個人像一對喝酒的伴坐在酒吧裡，喝得興奮異常，並令彼此開懷大笑。當然有任何這類的事發生是荒謬的，可是自從還俗以來，我沒有這樣跟一個看法和我一樣的人在一起的經驗；那種感覺非常自然，也非常新鮮愉快。

　　當禪修結束時他去參觀無常農場（Anicca Farm），一個裡面住有幾個修行人的地方。我則留在中心補眠，他兩天後回來，就到送他登機的時候了。他要前往英國，那兒的僧團將搬到位於戚赫司特的森林道場。他要我影印一份禪修日課表並將它譯為泰文，他說當他回到巴蓬寺的時候，他也要辦這樣的活動：只是我們要把「下午六點──茶水時間」改為「下午六點──苦茶（borapet）時間」（borapet是一種特別苦，可做藥的藤，在巴蓬寺早期，是唯一的夜間飲料。）

　　就這樣隆波消失在洛根機場的乘客登機門，我則搭乘定期往返的飛機去紐約。再一個星期，我飛回加州。我感到很振奮並在自己的小木屋閉了一次關，在這趟中錄了一打的錄音帶，我反覆聆聽直

到我把它們的每一個字都記住為止。

　　在一九八○年的二月，當我正在小木屋閉關的時候，收到一本郵寄來的《菩提道》（*Bodhinyana*），一本隆波開示的翻譯。它來的正是時候，讓我想再去見隆波，可是我必須等到隔年的秋天，等到籌足了錢可以支付一趟泰國之旅時才成行。

譯註

① 遍一切處禪觀法（kasina meditation）：「遍」是指「全部」或「整體」。在《清淨道論》中，有列舉十遍處作為十種修定的業處，會稱之為「遍」，是因修習這十種業處時，必須將其似相擴大至十方無邊之處。修習光明遍者，可專注於月光或不搖曳的燈光，或照在地上的光。修習火遍者，可起一堆火，透過一張皮或布剪出的圓洞凝視那火，以及觀察它為「火、火」。修習這兩種業處，都能成就天眼。

② 馬陸：俗稱千足蟲，屬於多足類動物，是一種類似軟體蟲的小動物，身體多節，每節有兩對足。

③ 馬哈希法師（Mahasi Sayadaw, 1904-1982）：對上座部佛教國家內觀禪修有深遠影響的緬甸禪師。1948年，緬甸總理烏努（U Nu）設立一處大型的禪修中心，禮請他到仰光教導禪修，從此他的弟子相繼設立道場，超過一百處，教法廣泛流傳於泰國與斯里蘭卡。1956年於世界佛教僧伽大會，受聘擔任首席顧問，扮演為後代闡釋並保存佛陀教法的主要角色。馬哈希的修法強調培養清晰、無執

的覺照力，以透視身心的實相，其著作已譯成英文的有《內觀進階》（*Progress of Insight*）與《實用內觀禪修法》（*Pratical Insight Mediation*）。

④ 即「念死」，為十隨念的修法之一，也是修止的一種方法。修此法者當生起「死將來臨」、「命根將斷」或「死、死」的如理作意，如此思惟，就能鎮伏五蓋，得到近行定。勤修念死老能常不放逸，捨棄對命的愛著。

⑤ 提婆達多（Devadatta）：佛陀的堂弟，因忌妒佛陀而製造僧團的分裂，並試圖殺害佛陀。

⑥ 崇山禪師（1927-2004）：北韓人，1947年依止修德寺高峰法師出家，是韓國曹溪宗第七十八代宗師。1972年到美國成立了普羅維登斯禪修中心（Providence Zen Center），迄今於全球三十多個國家成立超過一百廿多所禪修中心。

⑦ 黃蘗禪師（?-850）：唐朝禪僧，原名希運，姓氏不詳，福建閩縣人（今福州市），年少時至江西高安鷲峰山（後改黃蘗山）出家。後因酷愛這個地方，開宗說法時便以黃蘗名世，世稱黃蘗禪師。

⑧ 這段原文為：「祇如箇癡狗相似，見物動處便吠，風吹草木也不別。」（《大正藏》卷四十八，頁382）

第九章　阿姜查最後的日子

所以說，

「看那上師的特質，

是空性一無遮掩的覺知。」

這趙旅行我策劃了幾乎一年。在一九八○年十二月我得到一份在東南亞難民營的工作，這工作提供了錢，並給我一個機會再度練習講泰語和寮國語。我本來想像的大概只是去看看；我計劃也去別的佛教國家走走，尤其是日本，因為我已經參禪了一陣子。可是有一回我跟一個朋友討論此事，他說：「我想你是要去那兒閉關吧。」我解說巴蓬寺不是一個道地的閉關中心，可是我也明白我並非一個觀光客；住在寺院裡我自然會跟著比丘們修習。心頭懷著一個古老的格言：「如果政府逮住了你，他們會把你鞭死；如果佛教徒逮住了你，他們會把你餓死。」我準備回去過苦行的生活。

思惟目的是要到森林去
情形還能變得多壞呢？

傑克在一九八一年初曾到巴蓬寺，我在十一月離開前跟他談過，從他的敘述看來，一切都還是老樣子，我期待去跟隆波住一段日子，並看看那兒有何進展。我並不知道他最近所患的病，以及因這個病所導致的手術。

正如傑克所預測的，回到泰國，在曼谷震耳欲聾的吵雜聲及令人窒息的煙霧中四處走，吃著麵條並與人們聊天，這一切都感覺非常好。我花幾天的時間從三十小時的飛行中調復起來，拜訪幾位老

朋友並計劃不久後前往烏汶。有一天我前往淨居勝寺，那兒的外國僧人跟我講到隆波的情形：他剛剛動了手術，因為腦內積水，而且他這時候正在曼谷，住在山隆醫院，阿姜帕巴凱洛正在照顧他，有會客的限制。

　　所以我搭了長途巴士到山隆醫院，那兒的人告訴我他昨天剛出院的訊息。他正待在素坤逸路附近，可是他不知道那兒的住址。好吧，事情就是這樣吧，我想著，一邊便朝著大門走去，想要去搭巴士回到孟加蘭普。然後我想，或許應在搭上那一至一個半甚至兩小時的車程之前先去上廁所。走向廁所的時候，我看到一張熟悉的面孔坐在門診室，我明白那是從烏汶來的一個人，他是波莊，住在巴篷寺附近的搬高村。他認出了我，我問他在那邊做什麼，他說他在曼谷跟隆波住在一起。他到醫院來補牙，某一個人會來接他到隆波住的地方，那麼，我為什麼不等一下並且跟他一起走呢？

　　以前我曾經想過：「你在泰國做了什麼？」「我在等待。」當某個人說：「坐下來等一下。」或「他們頂多一個小時會到這兒。」你可以準備等待一段很長，很長的時間。波莊說某個人很快會來。我盤算著，再怎麼說搭「某人的」便車總比搭巴士強吧。所以我們坐著，等待，再等待。最後醫生的兒子來接我們──去搭巴士。

　　大約四十五分鐘後我們在八十一街①下車，並朝這條街走下去，可是不能找到那個住址。波莊幾個小時之前還曾在那兒，可是曼谷對他來說是那麼的奇怪，就好像他到了火星一樣（事實上他常

常表現得就像在火星上似的），而醫生的兒子以前從來沒有到過那邊。我建議去問路上的人房子在那裡——從這兩位掙扎的模樣，我猜測他們從沒有這個念頭——可是沒有人認得這個住址。我們在這條橫街上來來回回地走，涉過那些黑色的水坑，那真是曼谷所特有的東西，直到我們看到一個郵差，他告訴我們在這條橫街上沒有這樣的住址。我感到疲勞，也有些煩躁——過去在泰國我經歷過類似的情境很多次，而今我在這兒，才剛回來幾天，就又發生了。我想可能我不能找到隆波了，真令人失望，可是我思惟我來的目的是要到森林去，不是到城市裡，如果再過幾天我就到烏汶去了，情形還能變得多壞呢？

我依然抱著能見到隆波的希望，雖然希望似乎快速溜走，於是我問波莊：「你早上才在這裡，你記不得那間房子嗎？」他抱歉地說：「啊呀②，對我來說他們都一樣。」然後他開始對任何正好聽到他說話的人說：「隆波住潔沙莉（Je Salee）的家；他跟潔沙莉住。」我們回頭朝素坤逸路走去，到巴士站，在那時候他認出了一個水塔，我們走到一個車道去，接著看到隆波與阿姜帕巴凱洛正站在車道的另一端。那是一條相當長的車道，可是我覺得我可以感受到隆波眼睛盯在我身上，並想像他嘻嘻笑。

沒想到那竟然是
一生只有一次的事件

我們走到車道的尾端到他面前，他正在披上袈裟要出去散步，他開口的第一句話是：「你爺爺死了是嗎？」我以前曾經告訴他我有一天會從我爺爺那兒繼承一筆財產，他顯然仍記得。自從我還俗後，有一位比丘寫道：「隆波說法拉般若必定在等待他那位親戚死掉，然後他就能回到泰國。」我告訴他爺爺還活著而且身體健康；我得到一份工作，賺了一些錢買機票。

當我們來來回回在車道上漫步的時候，他告訴我手術的情況，他說他非常虛弱，而且偶爾仍感到暈眩。「變老真沒趣，法拉般若。」他扶著頭說道。

開刀已經五週了。雖然他體能虛弱了下來，可是他的心卻跟往常一樣，他沒有跟居士說法──「潔沙莉」就是凱薩里（Kesaree）的夫人，她在她的土地上蓋了一間很大的關房，她跟朋友都是精進學法的人──可是他仍跟人們聚在一起並閒聊，他的幽默感沒有絲毫減少。出家眾與在家眾穿流不息地出現，早上他仍然與還在那兒的比丘一起用餐，雖然他沒去托缽。醫生說他必須休息六個月，我猜任何人都沒想到，他的情況會在不久的將來便惡化了。我幾乎天天都去看他，他會把我留在那兒直到深夜，為他按摩同時並受他的羞辱，直到我必須請求離開以趕上最後那一兩班巴士（我必須補充，

公道地說他是有邀請我留在那兒——不掛蚊帳地睡在草坪上）。可是我仍然很急切要離開城市到烏汶去，幾個月之後，我才意識到那是一個多麼珍貴的機緣啊，不過已經太遲了。我既可以跟他好幾個小時相處在一起，而且那還是他最後一次仍是他自己，還沒有被嚴謹護衛著。這也讓我反思他的美國之行，那時候，我並沒有想到那可能會是一生只有一次的事，我知道我並沒有盡己所能珍惜那一切，老是想從他身邊溜走去靜坐，花太多寶貴的時間計劃將來或期願自己身在別處。

經常，他在很短時間就會明顯感到疲倦不堪。有時他睡眼惺忪地跟客人共坐，要打起精神來跟他們說話非常費力，可是人們從各地湧來——從烏汶、大城及其他地方來的徒弟，通常是一大群，而曼谷那些剛聽聞到他的人，對他十分好奇——每一個人都想要得到他們的機會，沒有一個人想要錯失參與此勝會的良機。我想這情況可能對應該要照顧隆波的出家眾與在家眾都是很新、很艱難的經驗，他們知道他必須休息，可是要把人打發走心裡又很不舒服。

黃色袈裟經常被稱為
阿羅漢的旗幟

隆波在美國的時候說過很多次，我不是一個真正的居士，雖然也不是一個出家人。幾年以來，我明白在家生活有很大的一部份與

我是不相干的，而且會永遠保持這樣，我的訓練加上我的性格使我的思惟方式很像出家人。現在我又在泰國了，很多人跟我說話彷彿我仍是個出家人，也就是說，他們用尊敬的語詞（對出家人來說，他們之間會用這樣的說話態度），我碰到這種情況不僅僅是跟那些我認識的人，甚至跟那些我剛遇到的人也一樣。我的頭髮固然相當短，可是我還是覺得這有一點怪，因爲在泰國佛教裡並沒有什麼在家的傳教師，而把藍色牛仔褲及運動襯衫誤認爲黃色袈裟可能也沒那麼容易。阿姜帕巴凱洛說那天我到醫院時，他們打電話到凱薩里家說：「有一位外國僧人來探望隆波查——可是他不是一個比丘。」這現象在曼谷及烏汶還又持續了好幾年——人們稱呼我阿姜，有的人甚至給我錢，有位牙醫堅持爲我免費治療。這些事情讓我漸漸喜歡泰國，甚至超過我在當比丘時喜歡的程度，因爲那時我經常感覺像一個囚犯在熱帶的西伯利亞渾身大汗地在消自己的業，而且覺得我在折損我的福（想想自己還有些福可以折損也很舒服）。

　　看到泰國的護法對僧侶的慷慨護持，思惟宗教與僧團在社會所扮演的角色也很令人感到特別。身爲出家人可能把這一切視爲理所當然，可是在離開之後，我現在以新的眼光來看待這件事，在西方國家甚至不存在類似這樣的事，乃至在別的佛教國家裡，佛法與僧伽並不在人們的生活中扮演那麼重要的角色。還有那些普通的出家人，我對他們從來就沒懷太高的崇敬，他們似乎也發揮了一個很有用的效用，提供人們一個布施的機會，並且貢獻了某些道德力量，

這一點我倒覺得它維護住了這個國家。

身為出家人，或跟出家人住在一起，可以看到人們最好的那面。那可能不是他們唯一的一面，可是它是真實的。黃色袈裟經常被稱為「阿羅漢的旗幟」，是一個人們尊重的象徵，能夠把人們的心轉為善良，這些往往不需要取決於穿這件袈裟的人之性格。當然也會有濫用的現象，不過在泰國，它絕大多數仍發揮不錯的作用。在貧窮的東北地區，我感到人們的虔誠特別令人感動，他們之中很多人的生活是在貧窮線上，或者接近貧窮線，可是他們總是把自己所有的一部分布施出去。以居士身拜訪時，能夠吃到人們出自虔誠所供養的食物，感到那真是一個了不起的優待；這不時激勵我更精進用功。

把等量的智慧與幽默
放在更少的辭彙裡

因此我花了一星期的時間搭乘二號巴士在城裡來來回回，從孟加蘭普的淨居勝寺到位於柏卡農區凱薩里的家，好跟隆波在一起。一天下午我陪伴他在車道上做每日例行的散步，聽到嬰兒在哭，他指著聲音的來處問是否那是我想要的，我說不是，我不覺得，可是我補充說：「我想如果把心放對，那麼在什麼地方都沒問題；一個人可以到地獄③去，而那兒也不會是熱的。」隆波跟我說的只是：

「你光會說。」

　　在他疲憊的時刻，說出像這樣簡短而銳利的話，就好像他把等量的智慧與幽默放在更少的辭彙裡。那時有好幾位美國修內觀的學生住在城裡，其中有些出家了並住在淨居勝寺，他們希望能來看看隆波。我試著跟他提起這件事時，他打斷我：「外國人？為什麼你要把外國人帶到這裡？」可是阿姜帕巴凱洛詮釋這件事，說意思是可以，我實在不必問。他們分兩批前來，一批在用餐時間，另一批在下午。當他接見第二批的時候，他坐在戶外的草坪上，有一位泰國人提出說他可能需要休息了，隆波卻說他想跟他修法的朋友說話。他看來非常疲倦，可是他還是回答了幾個問題，一位剛出家的沙彌問他對新人的建議為何，他說：「跟我給出家很久的人的建議一樣。」那是什麼呢？「修下去。」另一個人說，我能觀察欲望與瞋恨，可是很難觀察到愚痴。「你正騎在馬上，卻問說：『馬在那裡？』」是隆波的答覆，雖然一開始我以為他會說：「你在剷著狗屎，卻問說：『狗在那裡？』」這句話的意思也一樣好。一位美國籍的八戒女說，她有熱切求證果位的毛病，他答覆說：「放下它。」她說，我知道應該放下它，可是我仍繼續抓著它。「那麼就放下它。」

　　（當我在重打這些文字的時候，我感覺我可能把阿姜查描繪得脾氣過於不好，有時候甚至很殘酷，我很難用文字傳達他經常展露的溫馨與活力〔除了在他選擇不表現出來的時刻〕。我也應該指出他有

一次描述他修正式的教學方法：他看到人們在路上行走，如果他注意到左邊有一個溝而他們卻沒看到，他就大叫：「靠右邊走。」當他知道在右邊有危險或障礙時，他就大叫：「靠左邊走。」他的目的不是在唱反調，而是去幫忙。）

雖然他仍活著，可是根本不健康，有一句話不斷浮現在我的腦際：「是誰殺了隆波？」他的情況，以及那些到西方去的老師們，讓我想到有很多西方的徒弟是一個很重的負擔。我們明顯地有很多痛苦，以及很重的業，爲了尋找到他，我們比亞洲的徒弟在行爲上、可能也在心態上更爲極端。可是也很明顯，隆波眞的喜歡教導那些眞正感興趣的人。過去，不管他有多累，只要有一位善於接受（或更上者，追根究柢）的聽衆，他幾乎總是會活轉過來。可能這事費了他很多的精力，在長期中讓他累垮了，可是傳遞佛法給那些想尋求解脫的人，畢竟是他所以活著的目的啊。

經常感覺隆波的心
他的心全部都呈顯在那裡

跟隆波在一起一星期後我終於決定前往烏汶，簽證所允許我的日子正在消逝當中。身爲在家人，我已習慣於參加禪修營的模式，我珍惜由此帶來的七至十天相對的寧靜與清醒。不幸的是我把這種心態也帶到這趟旅行中來了。要等好幾個月以後我才可以把它放下

一些。我中途停下來探望一位在素林難民營工作的朋友，然後搭上一班普通車，下午時分，我在邦外村下車。火車站長跟我都認出了彼此，他發心用摩托車載我到寺院裡去。

　　我進入寺院裡的時候已經接近黃昏了，昆蟲正開始牠們令人難以置信的交響曲。我走進大殿，並在昏暗之中看到幾位我的老朋友，他們受阿姜迦卡洛（Ajahn Jagaro）之請來參加僧伽會議，他是澳洲籍的比丘，那個時候正擔任國際森林道場的住持，討論關於外國僧眾簽證的新條規。那天正好是齋戒日的隔一天，他們只是在每週一次的三溫暖後聚在一起閒聊。不用說，真高興看到那些令人尊敬的面孔，我們談了一會兒，有一個人幫我安頓在位於廚房上面的客房，晚上我前去拜見了阿姜迦卡洛。

　　國際森林道場成長了：有比較多比較堅固的茅篷，一間新的廚房及方丈寮等。可是最深的印象是它成熟了很多，成為一個訓練及修行之地。經過幾年實驗，西方僧人能夠非常和諧地主持這座道場，看起來每件事都做得很和諧並且做得好，我之前擔心一下子就再投入這種生活的模式會「太過猛烈」，可是事實上我感覺非常自在。沒有分心地生活，與同修梵行的人一起修行，很令人振奮與開心，在僧眾間有非常正面的感覺，像我這樣的訪客亦被特別慈悲地對待。那時候我在僧眾中認出大約有一半的「老相識」，可是在很短的時間後我便跟新的僧眾成為老朋友了。這可能跟我作為法拉般若的惡名有關。我想他們都曾經聽隆波講過我的故事，同時我也留下

了一些翻譯作品。居士們對我那麼恭敬，有的時候真令人尷尬，我想在較年輕的比丘看來也有些奇怪。

再一次坐在森林中的茅篷裡，我非常高興自己跨出身為在家人所陷入的常軌，又得到把世物看個清楚的機會——儘管有時候看到自己如何運用某些時間甚是嚇人。在大殿裡跟出家人一些修行非常令人振奮，在清晨時分就集合起來，毫無其他動機地一起課誦並禪坐。那些簡單的行為，比如黎明前默默清掃大殿，看來充滿了優雅與美感。當然這些並非發生在天堂：要再度於清晨三點爬起來是艱難的，蚊子像是一向都在那兒似的，水泥地面也沒有變得柔軟一些，有些早上想到單單要靜坐到搖鈴便是一種掙扎，搖鈴後我可以休個息，而僧眾必須出去托缽乞食。很多早上我會坐在後排居士坐的地方並問自己：「他們怎麼辦到的？」有時候我也會奇怪自己以前怎麼辦到的。我開始想當一個人若經過幾年出家生活後還俗，他應該被頒發一張榮譽獎狀，而不是被稱為懶惰蟲並被不留情地踢出去。

我得了感冒，它奪走我大部份的精力，並提醒了我在那兒經常是這樣的。「我來這兒是要禪坐並享受一下，不是來觀察痛苦的。」我跟一位比丘說。

我留在那兒慶祝耶誕節，那年正好落在齋戒日。早上阿姜迦卡洛為居士們說了一個非常好的、關於不同宗教的共同目的的開示。我很高興看到他及其他人在這些年間進步那麼多。他尤其一路跋

涉，受到疑惑的困擾很多年，可是明顯克服了，現在已經非常有能力去指導他人，也在其中得到很多的喜悅。這便是隆波留下來的遺寶，與世俗的東西不同，它愈是與他人分享，就會愈持續增長。單單走在森林裡，我經常感覺隆波的心在那裡，或他的心全部都呈顯在那裡（就西方僧眾來說，這種呈現仰仗了阿姜蘇美多的大力幫忙）。尤其是現在，阿姜查已經差不多是個植物人了，我覺得我在他的道場森林裡，比去到巴蓬寺頂禮他的身還更能看到他。

有一天我步行到巴蓬寺。在國際森林道場的僧眾事先告訴我，很多地方我會認不出來──寺院周圍的土地都已被購買了，在前面又蓋了一座大門，誦戒堂已經完成了。這一切都很驚人，可是當我在森林中四處走並走到隆波的舊茅篷時，就好像被送回到時光隧道，過去各種情感及記憶的遺魂一下子都浮現出來，真令人震撼。那以後我又去了巴蓬寺好幾回，同樣的情況總是發生，在那幾年巴蓬寺的時光裡，可能消除了我好幾輩子的業，可是那些遺魂卻仍然滯留在那裡，與我彼此相識。至於隆波的茅篷，我肯定除了我自己的經驗之外，還有更多的東西蘊含其中。直至今日，每當走到那兒，頂禮他的空座、清掃地面或除掉一些蜘蛛網，心就會平靜下來。

有幾位僧眾認出我並叫我過去聊一聊。他們似乎既滿足於做出家人，同時也致力於修行，儘管沒有隆波在一旁驅策及鼓勵。那兒因為有幾位資深的比丘還俗而有不少擾動，包括阿姜西努安，我為他準備了一些小禮物，卻聽到他目前在照顧水牛──可是看到依然有

許多僧眾只是默默在修行很令人安心。

過去在這兒學會如何禪修
現在能在外面與他人分享所學

　　我想要去拜訪巴蓬寺一些其他的分院，以及我所認識的幾位阿姜，所以在耶誕節後幾天我陪伴一位新的比丘，他要前往崩扣朗寺去接受阿姜炯的訓練。這一趟是泰國的「典型經驗」。我們衝到城裡去趕搭早上十一點的卡車，可是要到十二點才開，因此我們在一位護法居士的商店裡等待。終於出發時，卡車在城裡繞以接乘客及要運送的物品，一個小時之後我們仍在烏汶，雖然至少是在靠近貴安耐縣的那一邊，那便是我們要去的地方。這位司機又停在一個商店，熄掉引擎去吃午餐。我開始冒煙，坐在卡車那個猶如烤箱一般的駕駛室。我走出去拿了好幾袋附有冰塊的百事可樂回來，供養了這位比丘一份，站在卡車外面把自己的那份喝完，然後在街上來回踱步直到要出發。這種事在過去發生過很多次，現在當它又發生時，我有種從來沒有離開過的感覺，生命就是這樣，這就是我必須永遠忍受直到時間的盡頭為止，而我變得不耐煩及沮喪。因此我一路上冒著煙來到崩扣朗寺——至少我們被載到寺院裡去——而司機幾乎在每一個轉角停下來接乘客，並一路上跟人們討論生意、家庭、發酵的魚及天氣。

我們走進寺院，一位沙彌將我們帶入誦戒堂坐下，便去請阿姜炯。阿姜炯認出我，雖然他記不清我的名字。這位比丘交給他一封從阿姜迦卡洛捎來的信。他大聲讀信——基本上只是介紹並請求安當地訓練這位同修——然後他跟泰國比丘及沙彌說：「這些外國僧人寫的泰文比你們都好。」（這往往是眞實的，很多鄉下人只上了四年的學校，因此他們幾乎不能讀課誦本及寫他們的名字④）

阿姜炯問到我的在家生活，是否仍然靜坐，做任何教學等。我告訴他我仍在修習，有時候會帶領跟我一起修的那個團體禪修，偶爾也說法。他說，那很好，你在這兒學會如何禪修，而現在你能在外面繼續下去並與他人分享你的所學。可是他刻意地告訴寧馬羅（Nimmalo），那位跟我一起來的比丘：「你不必還俗，法拉般若會把那邊的事料理好，所以你留在這兒。」就像隆波一樣，他把事情稍做包裝，並告訴僧眾及居士們說：「我們來了一位訪客，阿姜法拉般若，他是一位內觀的阿姜，他是在巴蓬寺受訓的，而今他是一位老師，在美國弘揚佛法……。」

崩扣朗寺感覺起來比國際森林道場還好——比較大、比較安靜——在我繼續拜訪其他的分院時，似乎每一個分院都要比前一個好。可是很不幸的是我抵達時正趕上除夕，過去在巴蓬寺新年時我們都靜坐到午夜，居士們會來，然後我們會稍做課誦，在吉祥聲中迎接新的一年。有好多人聚在崩扣朗寺參加這個節慶，下午阿姜炯開始在他的擴音機裡播放錄製好的佛法開示。我們集合課誦，然後他又

放了些帶子，接著他開始一個他的馬拉松式的開示。我必須說我喜歡他所說的法勝過阿姜查其他的泰國弟子，可是黑夜過去時，我的膝蓋變得極度的酸痛，於是這整件事就開始看來很沒有意義。午夜來臨了，僧眾做了些唱誦，他又做了些開示，在早上大約一點鐘，他拿出了戒律，開始朗讀它，用他最禮貌的泰國中部話解釋，而非用鄉下他所慣用的寮國語，好像他明白每個人都非常感興趣似的。我們大約在一點半至兩點之間離開大殿。隔天早上用完餐，他又這樣搞起來了，所以我決定不要待得太久，於是很快就上路前往金剛光明寺（幾個月之後寧馬羅也離開前往金剛光明寺，因為他的膝蓋由於坐著聽冗長的開示而開始痛了）。

事情總是這樣發生
可是為什麼一定要這樣呢

　　幾個小時的旅行之後，我到達了安納乍能省，那兒我必須搭上一輛卡車走十公里，然後再走三公里才到這個寺院，我背著笨重的背包，除了以高昂的價格雇一輛卡車直接把我載到寺院，沒有其他的辦法。我正在問什麼地方可以搭卡車時，有一位剃了頭的青少年走到我面前。「你要去金剛光明寺，對吧？稍等，我去找一輛車帶你去。」他說道。聽起來不錯；可是這兒是泰國。結果她姊姊住在附近，而且她有一輛車。她住在那？我疑惑地問，就在那兒，他說

道。我們開始走，那要比「就在那兒」還遠了一點，而我的背包很
重。他讓我等在路邊，便跑進一條通往輾米廠的路。我等了一會
兒，便看到幾輛可讓人搭乘的小貨車經過。當時不禮貌的行為與一
般的常識，都在告訴我去跳上任何的一輛，可是我還是等待著。沒
有車。所以我們走了好一段路，回到馬路上並等候著一輛小貨車。
他堅持在轉往金剛光明寺之前就下車，好能抄一條「捷徑」，我們走
了非常長的一段時間，我覺得好想掐死他，不過只堅持停下來一次
讓自己喘喘氣。他發心為我揹背包走一段路。「老天，這玩意兒真
是重啊！」他一邊掙扎著一邊說。

　　雖然事情總是這樣發生，可是我問著自己，就像我慣常所做
的：「為什麼一定要這樣發生呢？」我心中閃過一個念頭，泰國人
可能就是一個頭腦不靈光的人種，也思索其他可能的原因。最後我
們抵達山頂，那個寬敞露天的大殿就在眼前，我拾級而上，阿姜飛
童（Ajahn Vitoon）正好從另外一端進來。他熱情地歡迎我，正如阿
姜炯及其他我後來遇到的人一樣。一位英國籍的比丘幾天前從國際
森林道場來這兒，告訴他我即將造訪，我懷疑他把所有法拉般若的
故事在他心中都復習了一遍，他說我想住多久就住多久。我住在阿
姜蘇美多的舊山洞，自己獨修，沒有問任何問題，只在早上吃飯及
下午沐浴的時候出來。這山洞被稱做「密勒日巴洞」，是寺院中比較
安靜的地方，可惜這寺院是烏汶省幾個受歡迎的觀光與郊遊勝地，
我在這兒待了兩個星期。

泰國森林
一些正在急速消失的現象

金剛光明寺非常大，有幾百英畝，被分為兩個道場，雖然不是因為大小的關係。在阿姜查與巴篷寺的歷史上，它是比較令人悲傷的故事之一。隆波及其他人對它有很高的期望，在這一行程中我經常想起中國古代的大叢林，能容納一千或更多的出家眾居住，我想他們是大概位於這樣的地點。現在，讓我介紹這事件中的壞人，阿姜桑（Ajahn Som）。就我所聽聞到的，他先到那邊，之後便請隆波送幾位比丘並將它設立為分院。有幾位富裕的護法幫忙建設並提供飲食，可是沒有人可以跟阿姜桑一起住，他顯然告訴他的僧眾禪坐不過是浪費時間，最好是整天工作。依然，外國僧人通常可以住在那裡，因為他允許他們依他們所願而禪坐，因此有一些人仍然喜歡他。當我妹妹來探望我的時候，我們前往那兒，他是個非常有風度的主人，所以有好一陣子我對他的看法保持良好，可是當我開始以居士身前往那兒修習的時候，不難看出這樣的事實：他把一個原本對很多人可以是很有意義一件大事糟蹋了。當我前去向他頂禮致意時，他脾氣非常不好，之後我便盡量躲避他。

隆波以前常提到要調動他的住持，而且他特別想移動阿姜桑，可是後者說如果隆波這樣做的話，他將還俗並重新在法宗派下出家。其他的資深比丘不會那麼惡劣──每當隆波提到此事時，他們只

會怯怯苦笑並盯著地面。他們通常被安在距他們故鄉村落不遠的道場，隆波說他們執著於他們的處境，他認爲把他們調動對每一個人都好。然而沒有一個人領會其中的目的，我肯定如果問任何一個外國籍的住持，在泰國或在英國，去收拾行李搬到別處去，他們不會有絲毫的遲疑，所以這件事令我懷疑人們對他的忠誠究竟到什麼程度。

　　金剛光明寺吸引人的地方之一是它離最近村落三公里，所以村裡的節慶歡宴及晚上的電影不會傳到寺院裡去。不幸的是，這種吵雜現在在任何地方幾乎都非常普遍，因爲電線已送達大部份的村落，而村落也向外擴展到離寺院更近。在我早幾年待在泰國的記憶中，這種現象非常少見，可是現在卻像瘟疫一樣蔓延著。

　　我要離開的時候，阿姜飛童邀請道，若我將來到了這兒附近，便一定要回到寺院裡來，結果在往後的幾年我真的又回去了很多次。可是現在那些在最好的洞穴中的茅蓬全部都倒塌了，那些留下來的也都染了DDT殺蟲劑的毒，另外這個地方不斷有來自當地蜂擁成群的觀光客，他們的行爲比起從村裡出來四處覓食的狗還糟糕。非法的樵夫帶著鏈鋸入侵，正如他們在全國的森林所做的一般，偶爾可以聽到槍聲，因爲獵人追逐小的野生動物；有時他們用煙薰的方法把這些動物驅出林子，當出家人抓到他們的時候，他們便逃跑並任著那座森林繼續燃燒。阿姜桑塑了一些華而不實的佛相，並且不顧僧規而安設了捐獻箱，所以他等於在鼓勵人們帶著收音機及幾

瓶威士忌來。阿姜飛童對這些情形曾經抱怨過，但沒做什麼去阻
止。當我寫到這裡的時候感到很沮喪，它提醒我在泰國想要找一塊
安靜的地方已經變得多麼困難，我想這是一個人口增長和現代化如
何侵蝕生活品質的典型例子。

對這個世界不再有幻想
把生命交給了正法

　　我的下一站是一間座落在返回到烏汶路上的小寺院，那兒住著
隆波拉特（Luang Por Laht）。他是一位老人，約於六十歲的時候出
家，是一位認真的修行人，也是阿姜查疼愛的人。我記得他被皮膚
病及嚴重的背痛所困擾，我問阿姜飛童他是不是還活著。阿姜飛童
出門到城裡去應供，我則留在金剛光明寺，他在那兒碰到拉特老，
並告訴他我在打聽他。「哇嗚！」他說道：「每個人都在詢問相同
的事：『拉特老是不是還活著？拉特老還沒死嗎？』我也正在問著
自己：『法拉般若還活著嗎？』」

　　我在剛過了中午的時候走進這間寺院。那兒有一間小小的大
殿，可是卻看不到一個出家人。我繞到大殿的後面，看到拉特老正
在一棵樹下打盹，他聽到我進來的聲音便醒了，立刻站起來舖了一
個墊子並給了我一些水。

　　我想他那時七十四歲了，可是仍然很有活力。「我跟這個世界

沒關係了，法拉般若。『它』已經黏在我的睪丸上了。」他說道，用了一個地方的諺語來表達離欲及不為所動的境界。「我沒有處理金錢有十年、十五年了。我甚至不知道新的鈔票是什麼樣子。」他一個人住，修他的行，早課與晚課，齋戒日整夜靜坐。他建議我跟他待在那裡。我問他有沒有向隆波要求比丘呢。他說他曾經到巴篷寺要求隆波給他一個比丘或沙彌，可是「他非常生氣並告訴我回到這兒死掉。」事實上，很多道場現在都「人手不足」，拉特老的寺院非常小，所以我想隆波知道雖然會有困難，拉特老可能可以自己守住城堡，並運用這個困難及寂寞的因緣增益其修行。

　　我住了兩天。我們有好幾回很不錯的談話。他問我要做什麼事：「那很好。」他對我的在家生活如此回應。「你讀過了不同的東西，你可以來教我道、果、涅槃。」他記得好幾位跟他住過的外國僧人：「蘇美多到英國去了、傑克在美國、法拉般若到處走、甘曼達磨的茅篷在某處……過了這一生我們都將在涅槃處相會。」當我在那兒的時候，他對我的舒適非常關切，他派一位村民帶我到他家去吃晚餐，因為他擔心我會餓，下午的時候，他拒絕讓我去提水，怕我會累。

　　明顯地他對這個世界不再有幻想，我真的感覺他把生命交給了正法。當我在下個月見到隆波時，我說：「拉特老交出了自己。」隆波說：「他太虛弱，哪兒都再去不成了，所以他才交出自己。」

　　從那兒我回到國際森林道場，那幾乎像回到家似的。那時事情

正在交接之際，阿姜迦卡洛正準備回澳洲，阿姜帕桑諾（Ajahn Pasanno）即將擔任新住持，可是他有些時間不在，因為他的父母正在曼谷。所以有幾個人輪流擔任長老比丘，可是每件事都持續順利運行。

一天早上，在離搖鈴還早得很的時候，我因為胃痙攣而醒過來，我拿起茶壺想倒些水，竟倒出了一杯的螞蟻。這似乎是典型森林道場的趣事。早課後我跟一位比丘說：「我想見管理員。」答案是：「他去渡假了。」我告訴他發生的事情，「真相本來就是如此。」他說道。

我想
他有他活下去的理由

當我簽證到期的時候我計劃去斯里蘭卡，可是我提前回到曼谷，想花些時間跟隆波在一起。可是事實卻不然，我知道他搬離市區到龍仔厝省去，大約往南五十公里，住在一個醫生在海邊所蓋的茅篷裡。那是一個對他比較好的地方，可是他身體的情況惡化得非常嚴重，有兩位泰國比丘非常仔細地衛護他，他們接過來阿姜帕巴凱洛的工作，限制訪客能夠探望他的時間。在城裡待了幾天以後，我搭阿姜帕巴凱洛的便車，他的父母親剛剛離開。當我們到達的時候，只有一個看護在那兒；隆波及那些比丘已經外出到叻丕省去

了，往南幾個小時的地方。因此，我們等了將近一天，他們在黃昏時回來。隆波跟以前幾乎一樣，可是當他坐下並與一位居士說話時，在某個時間他竟睡著了，要他把注意力再帶回來繼續談話真是太費力了。看了真的有些嚇人。

　　阿姜帕巴凱洛和我跟他單獨坐了一會。他的心很清楚，可是他顯然疲倦極了。我問他是否有時他會想把身體擱在一旁，而到一個比較舒服的地方去。「我應去那裡呢？」他抱怨說。我說我不知道，可是我想他若不必拖著他的身體負擔會比較舒服。他非常生氣地看著我並說：「你要我去死？」這以後，我想他有他活下去的理由。

　　我又再去了一次，跟阿姜迦卡洛與普利索（Puriso），他們在回到澳洲之前來向他告辭。我們到達的時候是接近中午，他正在吃他的第二餐。他不再跟其他人一起用缽吃飯，而是兩餐都坐在桌前吃，擔任侍者的比丘不允許任何人在他吃飯的時候跟他說話。當他吃完後接見了我們，他連要專注都很難做到。沒有什麼要討論的；那情景就像兩位徒弟只是做著應該做的儀式向他告別並請求原諒，可是眼前的他與擔任他們那些年的老師，真的不是同一人了。在接下來的一個半月中，我一直懷著這樣的印象，想著他的尾聲近了，可是下一次我看到他，他好轉了，而非惡化；因此那就這樣持續著，上下起伏好幾個月，那是一九八二年二月。當我四月回來的時候，凱薩里告訴我，他有一陣子一直在惡化，他想他將要死了，便

交待他們送他回烏汶去，因為他不想要勞煩住在龍仔厝省的人處理他的遺體。可是他們告訴他，倘若他在那兒放下他的色身將是他們的榮幸，因此他待了下來，可是沒有死。這個戲法他可能是從他母親那兒學來的：好多次她認為她將要死了，於是要求看看她的棺木，看了之後，她總是又好了起來（只有一次例外）。

在我離開前往斯里蘭卡的前一天，我原計劃與幾位居士再去探望隆波。我們原是要很早會合並趕到那兒供養食物，可是當我抵達馬南先生家的時候，他說：「隆波不見了。」他收拾了東西並到別的地方去，而且沒有留下轉遞的住址。在離開前不能見到他很令人失望，可是我很高興看到他仍有些調皮在。

能再聽到他這樣子說話
真的很好

下一站，斯里蘭卡。到目前為止我的行程計劃都進行得很好，我的精神也很高。我去到一個別人推薦我的禪修中心，位於坎底郊外，座落於山頂俯視著茶園，一個田園式的場所，可惜太擁擠了，再跟在家人住在一起感覺有點怪。兩個星期之後，我又上了路，停下來看看英國人在紐沃艾利亞山坡上建立起來的據點，並落腳於一個位於班達惹衛拉的隱居所。那地方很堅固，由一位歐洲的比丘用石頭與水泥蓋起來的。那兒只有一位英國籍比丘及日本籍的八戒優

婆塞居住，很安靜，氣候溫和，食物雖然火辣卻很充足──每一餐飯
吃完的時候我的眼睛與鼻子都淌出水來，而我的胃受到每樣食品中
所含辣椒的刺激而緊縮著。這確實是我一直在尋找的地方，幾天之
後我的禪修開始衰退，我的計劃也解體了。該做什麼呢？我感到斯
里蘭卡的修行場不特別引人道心有幾個原因，與泰國的僧團不同，
這兒的僧團似乎沒有那種可以領著你在起伏之中前進的凝聚力量。
泰國那兒正是熱季，而我也不知為什麼覺得自己還沒有到去日本的
時候。怎麼辦呢？我開始幻想利用那兒有很多難民服務活動的機會
在泰國找一份工作。最壞的事莫過於時間的停滯──我繼續留在亞
洲，同時盤算接下來要去那裡。

　　於是在斯里蘭卡一個月以後我回到曼谷。出人意外氣候竟然很
宜人。可是當我試圖按上個月那樣行事時，新的情況發生了。我發
現我一離開那間隱居所並走上路，我就感覺完全失去方向，我像一
個瘋子似的蹣跚前行，沒辦法做事或做決定。在曼谷兩個星期之
後，我非常疲憊。倘使那時我願意待在曼谷長一點的時間，我可能
會找到工作，可是我受夠了。我明白我並不是來亞洲工作的，懷著
一些沮喪我決定回到國際森林道場去調整，或是做大檢查。

　　可是我把隆波忘掉了，是嗎？

　　他仍待在龍仔厝省，當國際森林道場的僧眾要上曼谷並前去看
他時，我能夠搭便車到那兒。令我放心的是，他的情況比二月的時
候好，他的身體情況非常脆弱，可是他的心是清楚的，他跟我們說

笑，而且還記得我們的名字，這件事一向他都不太靈光。他問我接下來要做什麼，我說，不確定。「阿姜不確定！」他把我的名字換成「不確定」，笑出來。他問到我在烏汶的那段時光，上次我見到他的時候他沒有問。我說再住到寺院裡很好，可是也不容易，我開始感覺任何能夠那樣生活的人應值得受尊敬。「法拉般若永穆拉威（yorm lawe）。」他說道，這話翻譯過來大約介乎於「法拉般若認輸了」與「法拉般若叫叔叔了（譯按，即投降）」之間。我告訴他我去拜訪了阿姜炯，可是並沒有待很長，因為「阿姜炯在干擾我。」他怎麼干擾你呢？「說法呀。」隆波若無其事地問：「你覺得怎樣，說法有點價值嗎？」我回答說，我想對約束大部份的泰國僧眾來說是一個好方法，否則他們不可能去修行，但對像我這樣的人來說則毫無意義。「懶人！」他笑著說。之後我告訴他我在金剛光明寺的山洞待了一陣子，而且真的喜歡那兒。「你在山洞裡做什麼？」他問道。我說我或是靜坐或是經行——這似乎是個奇怪的問題，我不知道一個人在那裡還可以做什麼。「你說你並沒有一直在睡覺？……法拉般若去到山洞裡，日夜都在睡覺。他黎明後醒過來：『哦！吃飯的時間到了嗎？』於是他衝到大殿，吃了飯，之後又回到山洞去睡覺……。」不錯，能再聽到他這樣子說話真的很好，那是一個他正在康復的徵兆。

他沒有那種脆弱與生病的感覺
簡直好得令人不敢相信

　　回到烏汶，那一年的溫度沒那麼嚇人，從曼谷回來，單單在寺院裡就是一個大解脫。我很快就靜下來，我發現只要身處其中，不必費任何大力去修行，我的心就比在外面時清楚得多。這一回我並不是什麼觀光客或參加禪修營的那種人。我來真正是為了尋找庇護，皈依，像這樣的生活確實很有意義。在他兩週一次的開示中，阿姜帕桑諾說：「當你住在一個單純的環境時，你的心能變得不那麼複雜。」阿門。很多次當我在寺院裡經行的時候，我除了要注意咬人的螞蟻之外完全不必擔心任何事，我想起若是在「外面」那將是怎樣的一種景觀，有一百萬個事情搶著得到我的注意。那超過我所能招架的，似乎也沒有太多理由去招架它。

　　不幸的是，在匆匆離開斯里蘭卡時，我僅有為期兩個月的泰國簽證，當它到期時，我決定到檳榔嶼去再申請三個月，之後便即刻返回寺院裡。

　　隆波回到八十一街，我想是為了到山隆醫院做每月的例行檢查。阿姜帕巴凱洛與兩位泰國比丘陪同著他，突然間他似乎又是那位老隆波，他無法走七公里的路去托缽，可是他沒有那種脆弱與生病的感覺。他的神智非常敏銳。我待在那兒幾個晚上，有很輕鬆快樂的感覺。他簡直好得令人不敢相信，可是醫生曾說他需要六個

月，而現在已經幾乎七個月了（一九八二年五月底）。那些比丘控制他的飲食並限制訪客，看來這些作法成功了。早上他們允許人們自己帶著食物進去供養給隆波，在下午的時候就告訴人們他需要休息。可是我若是下午到的話，他們會讓我進去。隆波正計劃回到烏汶去參加每年的慶生會，或許便留下來不走。一間特別設計的茅篷正在修建中，雖然它原先應該在四月完工的，之後說在他生日時完工，而現在他們說可能在雨安居的時候（其實甚至也離那個日期差得很遠）。他問我是不是會開車，我說會——或許他忘記在紐約當我坐在方向盤後面的時候，他變得多麼緊張——他說有一個人正要給他一輛客車，因此我們可以在拜訪分院時出去郊遊。他甚至開始在曼谷附近以及鄰近的地方郊遊，藉此來運動鍛鍊身體，而我則開始計劃成為一個司機。

正如大家都知道的
世間事總無常

可是正如我們大家現在都知道的，世間的事情是無常的。沒過幾天，我從檳榔嶼回來之後，他已經走了，回到龍仔厝省去。我買了一張往烏汶的汽車票，同時盤算著在那邊跟他碰面。我要離開那天到八十一街去拜訪阿姜帕巴凱洛，當我在那邊的時候，一通電話進來說隆波正要回來。我們打掃那個房間並等候著，可是在他抵達

之前，我必須離開去搭那班巴士。

　　那班遊覽車在早上六點的時候把我放在寺院門口。我一踏出冷氣車，一陣熱而潮濕的空氣便迎面襲來。這並不是一個太好的見面禮，我曉得如果在大清晨就這樣的話，接下來的幾天就會很慘。事實確實如此了一陣子，它使很多不愉快的記憶又帶了回來。我寫了封信給我在素林的朋友，要求寄給我一個蛋糕並內藏一把銼刀，可是什麼都沒來。不過，我仍期待著擔任隆波的司機呢。

　　一位比丘從曼谷來並告訴我們隆波勞動太多，所以他的情況又壞了。當他在六月中回來時的情形很不好，從那以後都是下坡路了。大部份的時候他都坐在輪椅上，他的聲音很虛弱，記憶力與注意力也很有限。在他的慶生會上，他由幾個人攙扶著走進大殿，只能勉強做了祈求原諒的儀式，沒有說法。阿姜帕桑諾後來說這一幕對每一個人來說應該十分清楚了，隆波不再是同一個人了；他看起來像是九十歲的人。

　　當我看到他，他會問：「你不是要去斯里蘭卡嗎？」我想過去與現在已經在他的心裡混淆了，可是其他時候，當他坐在輪椅上被推著在寺院裡四處走的時候，人們會走上前，他會記得他們是誰，他們從什麼地方來，他們的親戚是誰。

　　我想烏汶的人有些怨言，他們覺得曼谷的人把隆波偷去，而在這麼令人難以接受的狀況下歸還。這是一個難以取悅的話題，在那個時候我覺得這些鄉巴佬根本不能了解這個情況──可是最近在曼谷

我聽到一位在家護法對於醫生的處理表示嚴重懷疑，恐怕那場手術根本就是不必要的等等。一位西方比丘碰到一個醫生，他就對這整個事件感到悲傷，他說曼谷的醫生把隆波當做白老鼠以測驗他們的新技術。這個問題恐怕永遠無法破解，隆波的情況因為他糖尿病的傾向以及很多其他因素而變得複雜，所以無論事情如何演變，他的健康恐怕也難以維持太久。

我待在國際森林道場，每星期或十天就拜訪巴蓬寺。我每一次去都見到情況更惡化。阿姜帕巴凱洛有一次到曼谷跟醫生討論，其中有些人甚至還飛到烏汶來。他們是御醫，是當前最好的醫生。他們不真正知道隆波的情形是怎麼一回事，可是他們想他有腦瘤，並建議帶他到朱拉隆宮醫院去檢查，在這時候他已經尿失禁，走不到幾步路，有時笑有時哭，幾乎不說話。

即使我能看到他
我所認識的隆波已永遠走了

在國際森林道場雨安居已經開始了。作息排得非常好，有好幾個小時的團體禪修，可是在酷熱中單單坐在那兒就是個掙扎。還好有墊子可以坐，而且我們坐在後排的人可以用坐墊或其他那些非法的東西（這是另一個我跟固執的泰國僧眾體制意見衝突的地方——當我是出家人的時候，我一直偷拿布團來坐，或坐在捲起來的僧衹支

上，僧祇支就是大衣，通常摺成一條細長的帶子搭在肩上；有時候我便坐在我的手電筒上。有些人坐在書本上，正如我們都知道的，把臀部墊高可以幫助把腰部挺直。可是泰國人寧願坐得往前傾也不願把傳統打破。）

　　當我的簽證又快到期的時候，我還沒有決定要怎麼做。隆波去曼谷時我也跟去了。當我在朱拉隆宮見到他的時候，那真是一個震撼。他停止說話，有一張死人的相貌，他可能知道身邊發生什麼事，可是不再提起興致了。在那個時候，我肯定他不會再活過幾個月了。

　　仍然還沒有決定怎麼做，我偷溜，在城裡去住了幾天並到位於春武里省的寇查拉寺，一位巴篷寺的比丘，隆波浦特住在那兒。他「確定」地說阿姜堪布恩（Ajahn Kampoon），一位巴篷寺的資深比丘，最近離開而且謠傳說死掉了，是真的走了。「是真的，他死於瘧疾，他們在曼谷將他火化。」直到三年以後我才發現阿姜堪布恩還活著並在泰國南部活躍著——有些從烏汶來的居士，他們也聽到死亡的傳聞，在那裡碰到他，這著實把他們嚇了一跳。不管怎麼說，經過了幾天炎熱的日子以及簇擁而至、愛人若渴的蚊子之後，我決定這一趟我已有了足夠的熱帶經驗，於是便確認機位回到加州去。

　　我又拜訪了醫院的皇家套房好幾次，隆波住在裡面，可是通常只是向門頂禮並跟阿姜帕巴凱洛及照顧他的那群人說話。當跟泰國人在那種場合說話（即任何接近出家人或道場的地方），不可避免地

就會漏出來我曾是個出家人，人們想知道為什麼我要還俗。我往往給每一個人不同的答案，可是不論答案是什麼，他們很可能會表達他們對我還俗的遺憾。我告訴他們，不必為我感到難過，因為他們可以補我的位置：「現在有一個空缺了。」而他們總有很多的理由：我太老了，我太年輕，我必須照顧我的孩子，我必須幫助我的母親等。

醫生做了各種測驗，可是沒有任何新發現。在那兒沒有任何可為隆波做的，只好讓他回到烏汶以度完餘生，我相當肯定那不會太長，我以後就再也沒見到他了，即使我在某些未來的時候能看到他，我所認識的隆波已經永遠地走了，不再有教誡，不再有歡笑與嘲弄。哦，轉眼之間七年了，他仍堅持著。在一九八四與一九八六年之間我幾次去見他，可是很難把他視為隆波，他也似乎完全沒能認出什麼。在一九八六年底，他經歷了幾個危機，一位因準確測知未來而著名的比丘預測他隨時會走，另外一組王后的醫生，他們說他患有癌症。他被人以湯匙餵食，只能移動一隻手及睜張開一隻眼睛，然而他依然繼續活著。

我所碰到的困難
讓我更加容忍自己的不圓滿

有一個關於毛拉·那斯魯汀（Mulla Nasrudin）的故事，在茶館

裡軍人重述他們在戰場上英勇的事蹟，在聽完他們得意的故事之後，那斯魯汀開口說：「有一次在戰場上，我截斷敵人的腿，一刀便將它切斷。」有一個人跟他說：「先生，你若把他的頭切下來恐怕還做得好一點。」那斯魯汀回答說：「恐怕那是不可能的。你知道已經有人把它做掉了！」那便是我對於這一趟到寺院裡去的感覺。對留在國內的人來說，它可能看來很英勇，可是我不認為我個人做了任何特別的事。可是，我確實感到我曾經多麼幸運能夠回到那兒，再一次從出離的角度觀察事情。我所碰到的困難讓我更加容忍自己的不圓滿，我希望我能夠有一天將這種態度延伸到他人身上——自從還俗並與在家修行人在一起以後，那是我的一個大問題——雖然住在寺院裡面可以清楚看出出家人與在家人是多麼不同。當在家人來訪或留宿一陣子，不論是泰國人或西方人，他們的舉動總是看來很粗魯，他們世俗的糾纏與執著有時很好笑，而且往往讓人對他們感到悲哀。我想那些出家人也如此分毫不差地看到我的這般德行。我經常想到道元禪師提到出家生活的殊勝。他甚至說一個愚蠢、破戒、沒有智慧的出家人也勝過一個守戒並擁有洞見的在家人，因為只有比丘擁有佛陀的正覺為其生活基礎，那個正覺無非就是表現在對世俗世界的出離。我或許不能百分之百信服，可是當你坐在出家的環境、而非在舒適的椅子上思惟時，會發現它是那麼強勁有力。對那些圈外的人來說，這種事情很難理解。當佛陀成道以後，他想：「我所覺悟到的這個真理是深奧的，很難讓一般的人理

解。」在我回到家我感覺這話也適用於出家的生活，因為它是那個真理實質的體現。而鈴木俊隆禪師說，當你住在道場時，那一點不特別不奇怪；它完全是合理的生活方式，而事實上是在家人看來才很怪異，如果你去觀察他們，思惟他們好笑的服裝、意見、情緒及世俗的纏繞。

離開泰國兩個月以後我去貝爾參加秋季的禪修，很快地，有關隆波的記憶便潮湧而出，許多有關他的夢，強烈的情緒等，所以在禪修之後我開始把這些全部寫下來，當作對他及對他的弟子的一個供養。我最後開始修金剛密法，於是開始感覺與整個上座部的情景有些距離，可是我也經驗到嚴重的「文化衝擊」，這是我還俗以來所沒有經歷過的。西方社會，尤其是美國似乎是最病態，而且不是一個適合居住的健康場所。我最後變得非常喜歡泰國。有好多年當人們告訴我他們多麼喜歡泰國時我總是很疑惑，可是現在比較起來它確實非常可愛。我開始看待在還俗與回到亞洲之間的四年為過渡時間，我不覺得加州或紐約是我安頓下來的地方。有些朋友談論著去科羅拉多的山上蓋關房，可是我一文不名，所以對我似乎也是一個不可能。

隨著時間的逝去，我渴望著回到亞洲，當我終於準備好要走的時候，好幾個理由看來泰國似乎是一個很對的選擇，一旦到了泰國，國際森林道場及其他巴蓬寺的分院是我最感覺像家的地方。同時隆波活了下來，他得到因緣所及之內最好的看護，醫生說他所有

的器官都正常運作，除了他的腦部。巴蓬寺變成一個鬼城（鬼寺院），只有很少的幾位比丘維持著寺務，可是卻沒有我們之中好幾個人所預期的大批性還俗。比丘離開去自己修，到很多分院去（現在超過六十個）並繼續修行與教學，僧團也很和合。新的人持續來到國際森林道場來受訓練或出家，很多外國人來短期的停留，那位傳奇的法拉般若也經常出現，雖然他已不再年輕。僧團在英國蓬勃發展，在澳洲成長，同時也在紐西蘭設立，傑克與我終於把我們有關隆波教導的書在美國出版，而且證明了一開始說書賣不出去的那些專家是錯的。這個故事現在仍然在繼續之中。

譯註：

①街（Soi）：偏道，泰國大部份主要城市的道路，都有編了號的街。

②啊呀（Kanoy）：寮國語，在句子之前或之後的一種禮貌的驚歎詞。

③地獄：譯為「不樂」、「可厭」、「苦器」等。其依處在地下，因此謂之地獄，共有八熱地獄、八寒地獄、近邊地獄、孤獨地獄等共十八種，它是造惡者投生的場所，投生此處的眾生將受到種種極端的折磨。號叫地獄是八熱地獄中的一種，眾生因受極熱之苦而大聲慘叫；緊牙地獄是八寒地獄中的一種，眾生因寒冷難忍而牙關緊咬。

④暹羅國王於一九二一年頒布了一道法令，規定全國七到十四歲的孩子必須接受四年的義務教育。然而，這條法令並未在全國全面施行。

阿姜查的紀念館全景

【後記】

尊敬且摯愛的老師

　　在泰國及英國旅行，參訪著阿姜查的各個道場以及幾位還俗比丘的家，有一個東西總是不斷浮現出來，那便是所有那些曾經將他們生命片段交給阿姜查指導的人，對他所表現出的敬愛、感恩及高度的尊重。從最簡單的一句話：「隆波人很好，不是嗎？」到這樣的陳述：「他是我所碰到的最特殊的人……是泰國所創造的偉人中最了不起的其中一位。」可以看出來他是如何影響人們，並將他們的生命塑造得更美好。

　　當阿姜查在四十多年前第一次走進那片沒有人煙的巴蓬森林時，我懷疑他曾經幻想過有一天一個遍佈世界的僧團組織會出現。那幾位在六十年代末及七十年代初自行摸索到那兒、寥寥無幾雜七雜八的歐美人士肯定不曾想過這種事。但是這一切卻非常自然地發展起來了。當然也有成長的痛苦、人事間的衝突，有時候還有深刻的分歧，可是道場還是保存了下來，傳播了佛教的修行，為無數人提供了皈依的庇所，和一條通向解脫的道路。

　　阿姜迦卡洛法師曾經說過，阿姜查是一位你不但可以尊敬而且也可以摯愛的老師。雖然過了很多年，他是一位非常善巧而又慈悲的老師的事實仍然清清楚楚。可能隨著時光的消逝，隨著個人經驗的逐漸加深，或只是靠反思的機會，我們對阿姜查對我們所做的

事、他的能力、他的徹底、他奉獻出的自己，還有他無邊與高尚的智慧都會變得更爲清楚。聽到人們對他的讚歎，我從來不覺得他們試著封他爲聖僧，或將他塑造爲一個不是他本人的樣子。相反地，人們只是實事求是地說到身爲他的徒弟是怎樣的情形，可是我相信我們都會同意，我們仍然不

阿姜查的舍利塔，攝於一九九五年

攝影者保羅・布里特

能真正說出他究竟是誰。最後我們只能稱他爲隆波，而這個名稱將永遠撩起那因曾經認識他而有的神奇經驗。

（一九九四年九月）

善知識系列 JB0113

與阿姜查共處的歲月
Venerable Father: A Life with Ajahn Chah

作　　　者／保羅・布里特（Paul Breiter）
譯　　　者／釋見諦 & 牟志京
編　　　輯／游璧如
業　　　務／顏宏紋
總　編　輯／張嘉芳
出　　　版／橡樹林文化
　　　　　　城邦文化事業股份有限公司
　　　　　　104 台北市民生東路二段 141 號 5 樓
　　　　　　電話：(02)2500-7696 傳真：(02)2500-1951
發　　　行／英屬蓋曼群島商家庭傳媒股份有限公司城邦分公司
　　　　　　104 台北市中山區民生東路二段 141 號 2 樓
　　　　　　客服服務專線：(02)25007718；25001991
　　　　　　24 小時傳真專線：(02)25001990；25001991
　　　　　　服務時間：週一至週五上午 09:30 ～ 12:00；下午 13:30 ～ 17:00
　　　　　　劃撥帳號：19863813　戶名：書虫股份有限公司
　　　　　　讀者服務信箱：service@readingclub.com.tw
香港發行所／城邦（香港）出版集團有限公司
　　　　　　香港灣仔駱克道 193 號東超商業中心 1 樓
　　　　　　電話：(852)25086231 傳真：(852)25789337
　　　　　　Email: hkcite@biznetvigator.com
馬新發行所／城邦（馬新）出版集團【Cité (M) Sdn.Bhd. (458372 U)】
　　　　　　41, Jalan Radin Anum, Bandar Baru Sri Petaling,
　　　　　　57000 Kuala Lumpur, Malaysia.
　　　　　　電話：(603) 90578822　傳真：(603) 90576622
　　　　　　Email：cite@cite.com.my

封 面 設 計／兩棵酸梅
印　　　刷／韋懋實業有限公司
初 版 一 刷／ 2006 年 9 月
二 版 二 刷／ 2020 年 8 月
I S B N ／ 978-986-5613-43-3
定　　　價／ 300 元

城邦讀書花園
www.cite.com.tw

國家圖書館出版品預行編目 (CIP) 資料

與阿姜查共處的歲月 / 保羅．布里特著；釋見諦，牟志
京譯 . -- 二版 . -- 臺北市：橡樹林文化文化，城邦文化
出版：家庭傳媒城邦分公司發行，2017.04

　　面；　公分 . -- (善知識系列；JB0113)

　　譯自：Venerable Father : A Life with Ajahn Chah

　ISBN 978-986-5613-43-3 （平裝）
　1. 佛教修持

225.7   106004348

廣 告 回 函
北區郵政管理局登記證
北 台 字 第 10158 號

郵資已付　免貼郵票

104 台北市中山區民生東路二段 141 號 5 樓

城邦文化事業股份有限公司

橡樹林出版事業部　收

請沿虛線剪下對折裝訂寄回，謝謝！

|橡|樹|林|

書名：與阿姜查共處的歲月　書號：JB0113

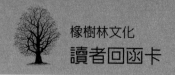

橡樹林文化
讀者回函卡

感謝您對橡樹林出版社之支持，請將您的建議提供給我們參考與改進；請別忘了
給我們一些鼓勵，我們會更加努力，出版好書與您結緣。

姓名：＿＿＿＿＿＿＿＿＿＿＿＿　□女 □男　生日：西元＿＿＿＿＿年

Email：＿＿＿＿＿＿＿＿＿＿＿＿＿＿＿＿＿＿＿＿＿＿＿＿＿＿

● 您從何處知道此書？

　□書店　□書訊　□書評　□報紙　□廣播　□網路　□廣告 DM　□親友介紹

　□橡樹林電子報　□其他＿＿＿＿＿＿＿＿＿

● 您以何種方式購買本書？

　□誠品書店　□誠品網路書店　□金石堂書店　□金石堂網路書店

　□博客來網路書店　□其他＿＿＿＿＿＿＿＿＿

● 您希望我們未來出版哪一種主題的書？（可複選）

　□佛法生活應用　□教理　□實修法門介紹　□大師開示　□大師傳記

　□佛教圖解百科　□其他＿＿＿＿＿＿＿＿＿

● 您對本書的建議：

＿＿＿＿＿＿＿＿＿＿＿＿＿＿＿＿＿＿＿＿＿＿＿＿＿＿

＿＿＿＿＿＿＿＿＿＿＿＿＿＿＿＿＿＿＿＿＿＿＿＿＿＿

＿＿＿＿＿＿＿＿＿＿＿＿＿＿＿＿＿＿＿＿＿＿＿＿＿＿

＿＿＿＿＿＿＿＿＿＿＿＿＿＿＿＿＿＿＿＿＿＿＿＿＿＿

＿＿＿＿＿＿＿＿＿＿＿＿＿＿＿＿＿＿＿＿＿＿＿＿＿＿

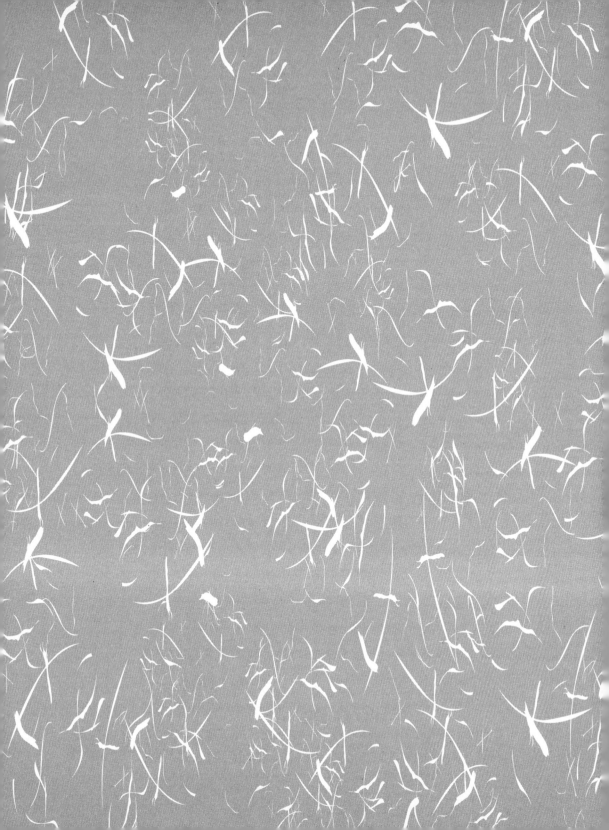

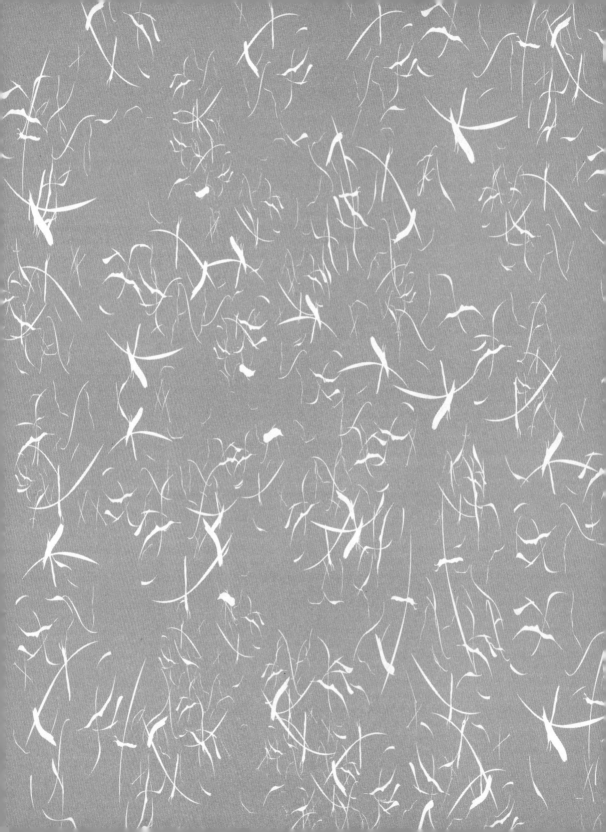

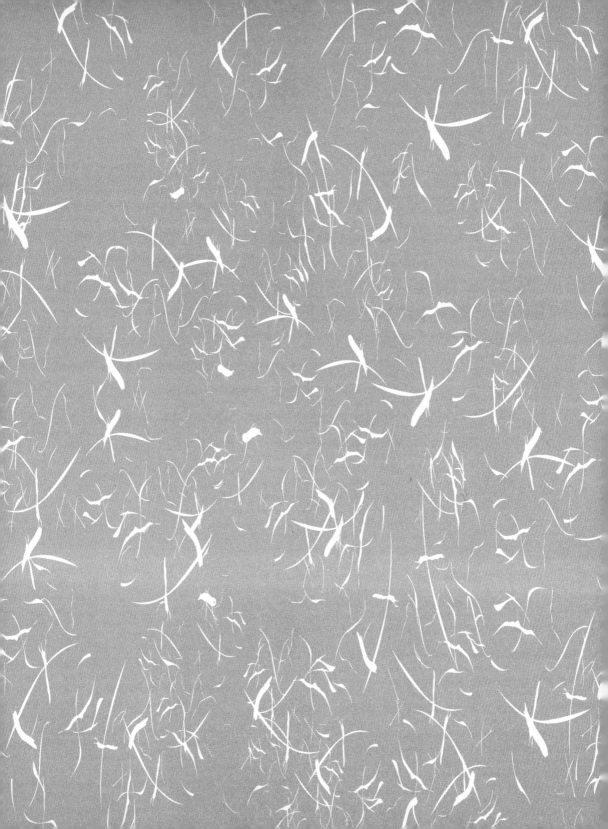

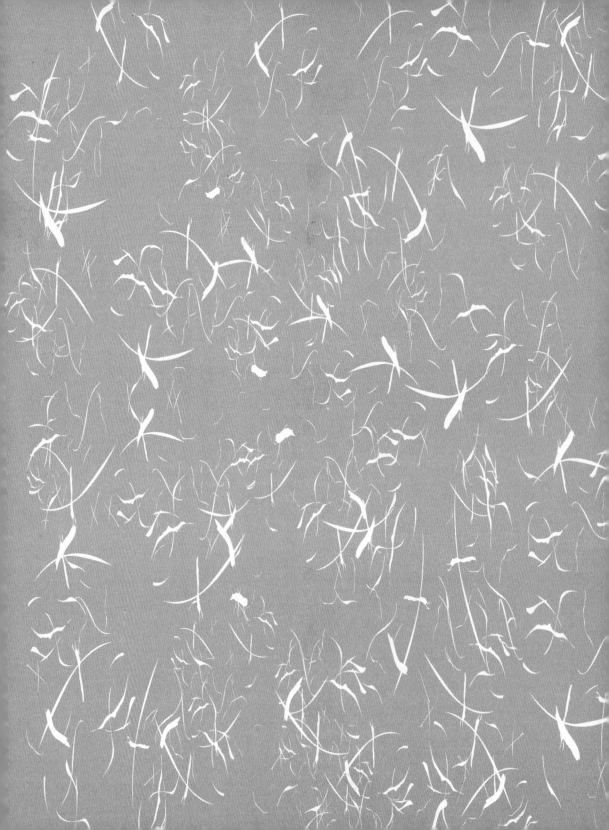